彈性習慣

釋放壓力、克服拖延
輕鬆保持意志力的聰明學習法

ELASTIC HABITS

How to Create Smarter Habits That Adapt to Your Day

史蒂芬・蓋斯 Stephen Guise 著／江威毅 譯

目次

第5篇——彈性習慣實戰篇

附　錄——彈性習慣產品介紹

推薦序

打造一個知易行易的習慣養成系統

劉奕酉（《高產出的本事》作者、商務顧問）

在《原子習慣》中提到，只要你願意堅持多年，起初看似微不足道的改變，都將以複利計算，滾出非比尋常的結果。作者認為要改變習慣，先要改變對身分的認同；先定義自己是誰，成為你想要的理想模樣需要具備哪些特質，就能夠自然地改變習慣。

比方說，我希望成為有影響力的人，那麼應該具備演說、寫作的能力，才能更有效地發揮影響力；同時，也需要有足夠的底蘊與智識，所以閱讀、學習的能力也不可或缺。有了願景當作驅動力，剩下的就是如何持續地練習，讓這些成為習慣。

聽起來很美好，對吧！只要刻意練習，就能讓習慣成自然。

但是，好難自律喔，一想到要持之以恆地實踐下去就覺得累；然後，習慣還是沒養成，反倒是壞習慣更鞏固了！為什麼？因為我們還是會想到眼前的困難，所以無法持續下去。比方說，我給了自己每天閱讀一本書的目標，一開始還可以持續，但有時覺得累、覺得忙，真的讀不下去。慢慢地，反正也達不成目標，不如就算了吧！

刻意練習需要自律，但自律讓我感到不自由與痛苦，所以無法持續。

但我後來發現，我錯了。自律與自由的關係不是這樣的！是自由帶來自律，具備選擇的自由，才能持續地自律。在這本《彈性習慣》中，我看到了同樣的觀點。作者告訴我，其實養成習慣的目標是可以允許被改變的，如果今天可以讀兩本，那就讀兩本吧！如果不行，讀個十分鐘也可以。

讓目標保持彈性，能讓我們感受到更多自由，於是自然而然地養成適合自己獨特生活的習慣。這本書要告訴我們的道理就是如此。作者提出「彈性習慣」的概念，將習慣養成用三個水平選項、三個垂直目標，打造成九宮格狀的彈性條件，用來取代傳統的唯一成功條件。

比方說，每天閱讀一本書的目標，如果今天沒達成，明天就更難持續。那麼，彈性習慣的做法，是用三個水平選項取代閱讀一本書這件事，像是閱讀十五分鐘、閱讀一篇文章、閱讀十頁書；然後，針對每一個選項再設定三個階段的垂直目標，像是閱讀十五分鐘可以擴展為閱讀一小時、閱讀二小時，以此類推，可以得到一個九宮格的彈性條件。

只要每天根據自己的狀況，完成其中一到三項就好。是不是很簡單？

這讓我想到敏捷精神與ＯＫＲ原則的運用。將一個目標拆解為多個小目標，即便不能完成所有的目標，也能確實地往前推進、持續實踐，慢慢地往目標前進；而不是只有達標、未達標這樣的結果。

彈性習慣的養成，可以想像成夜市的九宮格投球，只要有投中一格你就可以繼續玩下去；比起只能擊中唯一靶心的投球遊戲，是不是讓你覺得，持續下去也不是那麼難的事情了？本書提到的不只這些。關於彈性條件的九宮格該如何設定、彈性習慣養成的策略，還有發揮成效的關鍵與案例，我想你都可以在書中找到。

動起來，打造一個專屬於你的習慣養成系統吧！

推薦序

你不是太弱，只是缺乏彈性而已

張忘形（溝通表達培訓師）

不知道你有沒有聽別人說過，養成習慣非常重要。我聽過各種方法，例如同一件事要持續做個幾天，或是設定獎懲機制，讓自己能夠不斷做同一件事。

但我發現，如果生活型態不規律，就很難培養習慣。假設我想養成運動的習慣，但以我的工作來說，今天可能參與一個演講，結束的時候在十點半，但明天又得搭六點半的高鐵南下進行工作坊。

在這樣的情況下，我通常覺得就靠意志力吧！但意志力不夠強大的我，拖著疲累的身心回家後，看到自己設定的運動目標，根本就不想去碰。所以最後就乾脆放棄。更糟糕的是，除了放棄之外，常常還會有一種反抗的心理，就乾脆就不運動了。

而我後來發現，是因為在我心中，我把習慣變成了某種「規定」，而不是讓人生變得更好的提案。而人在面對規定的時候，往往會在心中產生很多壓力，這麼一來，生活品質便不會變好。

我自己看這本書的時候，覺得很多觀念都很好理解，例如自律帶來自由。我以前的觀念是，要用許多的方式來規範自己，才能達成目標。我現在才發現，作者是用很多方式來放寬自律的標準。

我認為，這本書有兩個大重點，一個是目標，另一個則是用彈性維持習慣。我們準備要養成一個習慣時，要考慮的其實是，評估它對自己有好處，並且時刻想投入這項活動，而不是被它所綁住。

看完書後，我才發現自己要管理的不是目標，而是執行時的動力。書中有提到，動力有三個來源，只要妥善運用，我們的目標其實很容易達成，這不僅能讓人滿足，還會覺得自己很有價值。

我還發現，以前設定的目標其實有達成的機會，但過程太辛苦。所以不但自己不滿足，也感受不到其中的價值。

舉例來說，如果我們設定的目標太高遠，例如每天去運動三小時（至少對我來說是幾乎不可能達成啦），這時候就不太會有動力去做。但如果把目標改成每天運動三分鐘，又太簡單，做到了也不會讓人感覺滿足，也感覺不到對自己有什麼價值。如果目標再提高一點，每天運動三十分鐘，不僅對健康有益，還能讓晚餐可以吃得罪惡一點。

這就是書中最重要的概念：「彈性習慣」。今天工作超忙，回家之後只想倒頭就睡怎麼辦？保持彈性的習慣，也許今天拉拉筋就好，或是通勤的時候走走樓梯。如果今天我有很多時間，也許可以考慮進行一小時的運動方案，上個健身房重訓，或是出去游泳。

在這樣的規劃下，我就不會因為目標壓力太大，或是遇到不可抗力的因素就中斷或放棄，反而可以根據自己的生活方式來排定任務。並藉由書中給的記錄方式和量化方法，讓這些行動都化為具體的數據，並且能夠追蹤。

如果你也跟我一樣，常常設定目標之後達不到，也許不是因為我們太弱，而是我們太缺乏彈性了。期待你看過本書後，能一起來養成「彈性習慣」。

推薦序

彈性習慣七步驟，現在開始永遠不晚

鄭俊德（閱讀人社群主編）

什麼時候你會想要改變自己？很多人選在新的一年開始，並訂下新計畫。有些人很後悔，為何去年沒有達成預定的目標，也感嘆年復一年，自己一點成長也沒有，錢包沒有變厚，反而身材越來越有分量。

以減肥為例，很多朋友馬上想到，既然自己做不到，那麼去報名健身房好了，透過教練督促以及眾多運動夥伴的鼓勵，應該有動力可以完成目標吧！

但實際上，這並不是最好的做法。

我讀完這本書之後，才知道這樣的目標，叫做菁英目標，並不是人人都能做到。身處健身房裡，四周有眾多的猛男美女，這樣的卓越高標準反而使你有羞愧心，更容易放棄。

挺著肥肉的我們，該如何開始改造自己呢？

書中提到，透過彈性習慣塑造新行為的七個步驟如下：

- ❖ 選擇三個想培養的習慣。
- ❖ 每個習慣選出三個相關的水平選項。
- ❖ 每個水平選項再分成難易度不同的垂直選項。
- ❖ 選擇執行點然後貫徹執行。
- ❖ 公開展示你的進度表。
- ❖ 定期追蹤進度。
- ❖ 計分並評估表現。

我們用閱讀習慣來舉例，也鼓勵你試著動筆規劃看看。

步驟一：選擇三項習慣

可以先選擇一種想達成的目標，以閱讀習慣為例。

步驟二：選出三個相關水平選項

這裡指的是類型，所以閱讀習慣包括看小說或雜誌以及參加「閱讀人」社群的活動等。

步驟三：每個水平選項可分成三個垂直選項

依照難易度，可分出迷你、進階與菁英三個選項。交錯起來可以畫出類似這樣的範疇：

閱讀習慣	看小說	看雜誌	閱讀人
迷你	讀五頁	讀封面故事	瀏覽閱讀人網站
進階	讀一章	讀兩篇專題報導	收看閱讀人的直播
菁英	讀三章	讀完半本	在閱讀人社團分享讀書筆記

水平選項的活動項目，以及垂直選項的難易度，都是由個人的價值觀判斷來定義，也不需要把每一格都填滿，但是有彈性的差異，能夠讓自己在執行時累積不同

的成就感。

步驟四：選擇執行點然後貫徹執行

盡可能建立固定的時間與習慣儀式，例如利用早起來進行閱讀，固定於早上六點半，或是運用通勤時間閱讀。有規律的時間，比較不會忘記目標。

當然，有時因臨時外務，必須打破原來訂下的時間點，這時也不要苛責自己，找時間趕快補上，明天再拉回固定時間即可。

步驟五：公開展示你的進度表

與人分享你目前的閱讀進度，可以跟自己家人分享，也可以透過閱讀類型的社團，例如閱讀人同學會，分享你目前的閱讀心得，可以是整本書或是部分章節，這些都能強化閱讀的持續養成力。

步驟六：定期追蹤進度

在手機軟體或是紙本上註記成果，這種感覺非常好，能觸發你的大腦釋放多巴胺，進而產生學習成就感。

步驟七：計分並評估表現

可以在手機軟體或紙本上計分，並設立鼓勵與犒賞機制，讓自己更有去動力執行。

以上就是透過彈性習慣塑造新行為的七個步驟，而書中甚至有更多詳細的操作範例與介紹，您都可作為參考應用，發展出進階的習慣養成方式。就如同運動選手的跑步訓練菜單，透過不同強度的運動，使肌肉有效被鍛鍊與刺激。

過去的你來不及改變，但現在的你也不會太晚，好好按著這本書的步驟，你一定可以看見，改變從好習慣的養成開始。

自序

總是半途而廢的自己，如何找回成長動力？

「當下的行為將在永恆中迴蕩。」

——羅馬哲學家皇帝奧理略（Marcus Aurelius）

沒有人能夠完全走在自己預期的人生道路上，偏離自己的心願是常態而非例外。在充滿變動、挫折、苦痛與驚喜的生命中，習慣是最好的裝備。每天培養並維持好習慣，你才能在混亂中確信自己仍握有生命核心的主導權。

多數人都明白，家人和朋友提供的外在支援很重要，但很少人體認到，自身習慣所提供的內在支援也同樣重要。即便有世界級的外在支援，還是有許多人因為缺乏內在支援而陷入絕望。

只有你才能過好自己的生活，旁人無論再愛你也無法代勞。

健康的習慣能夠讓我們在艱難困頓時感到安定。如果沒有自我支持的習慣當作基礎，生活一發生劇變，可能就會措手不及。習慣是眾所周知的王牌，而困頓苦惱的心靈正需要穩定的致勝方法。如果沒有好習慣提供穩定的內在基礎，最後你也只能從伸手可及的事物——壞習慣——當中尋求一絲慰藉。

好習慣能夠幫助我們挺過堅難的時刻，壞習慣則是強化惡性循環。有句話雖然直白但也非常重要，那就是：習慣是我們生命中最舉足輕重的角色，所以要好好培養。

「彈性習慣」是「小習慣」的2.0版

二〇一三年，我寫完第一本書《驚人習慣力》的時候，就想這本書一定能成功，因為它包含許多優異的策略。果然不出所料，這本書後來成為國際暢銷書，有十七種語言的翻譯版本。

《驚人習慣力》改變全世界幾千幾萬人的生活。接下來的第二本和第三本書內容上沒有重大的突破。六年後，這本《彈性習慣》邁出了一大步，提出了更好更棒的習慣養成策略，除了有革命性的創見，主要還是因為內容非常完整。

本書提供讀者許多新穎的見解、實用方法以及策略。我先前提出的小習慣有趣、有意義也很管用，而這次提倡的彈性習慣更加有趣、格外有意義，會全然改變我們的思維與行為模式。《彈性習慣》不僅是《驚人習慣力》的進化版，更帶領讀者重新思考習慣的本質。我以《驚人習慣力》中的小習慣為策略基礎，保留所有確實有效的方法，再加上變化無窮的彈性策略……我等不及跟你分享更多，但一開始請先容我娓娓道來，我為了測試本書策略所做的實驗。

從零開始，砍掉重練

從小，我的工作態度一直很懶散，只要功課或工作一上門，就會想著「不如來看場電影吧」。這特性也許打從娘胎就有（先天因素），又或許是太沉迷於電玩遊戲，總之我不喜歡工作。讀者所熟悉的勵志書作者都是菁英，來教導大家如何變得跟他一樣優秀；但我不是那樣的成功人士。

即便到現在，我還是不認為自己有正常人的工作態度，但我會用最棒的策略來彌補自己的不足之處。這些致勝策略的優點在於人人都適用，不論是像我這樣的「懶惰鬼」或是天生的工作高手。只要是好策略，就能夠擴大應用至各個層面。因此，不管是金字塔頂端的菁英、或是底端的庸才，或在兩者之間的人都能夠從中得到啟發。

中學畢業的時候，我著迷於從事有益人生成長的事，但內心產生很多衝突，反而給自己帶來困擾。我個性懶散，再加上有不少壞習慣，所以總是得強迫自己做那些事。但我那十幾歲的青春肉體卻不想去做那些有建設性的工作，彷彿上刀山下油鍋那麼痛苦。我渴望成為與眾不凡的人物，但現實的我卻落差很大，所以產生強大的挫敗感，心情一直很苦悶。所以我開始尋找解答。

一開始，旁人最常給的建議就是「尋找動力」還有「做就對了」，但對我都沒有效果，就算按日設定目標也沒有幫助。對於重大的成長領域，當時我唯一能做到的，就是在取得實質進展前，趕緊找個藉口放棄。我知道自己該做什麼，但就是提不起勁。我仍然需要其他解答。

過了十年，我大多時間在原地踏步，偶然接觸到小習慣的概念後，才改變了我的行為與人生。我終於找到一項策略能夠引領我達成理想的目標。成功使用這項策略之後，我興高采烈地寫下《驚人習慣力》與他人分享。

五年後，我有了彈性習慣的構想。本來小習慣用得好好的，但有一天我問自己，為什麼每天的目標一定得一樣？

為什麼不能調整習慣來配合我每天的需求？我想試試這個構想，但問題來了。我已經用小習慣養成好習慣。那些原先讓人避之唯恐不及的行為，執行起來也容易多了，這正是習慣的魅力！但現在我必須驗證新的概念和本書內容是否可行，也想知道，即使我的狀態已跌到谷底，它是否仍能幫助我。但當時我的狀況很不錯，因此需要整個打掉重練來找出答案。

一般人都在年初時立下新希望，但通常一個月後就以失敗告終，而我決定反其道而行，我要故意失敗一個半月，來開啟新的一年，然後再像鳳凰一樣浴火重生。這是我所謂的「耍廢實驗」，結果成功了。好習慣或壞習慣不曾完全消失，只是停止一到兩個月後，就會因為缺乏適當刺激而進入休眠狀態。我的習慣也是如此。

耍廢擺爛一個半月，結果是……

我開始不去運動、吃垃圾食物，比平常喝更多的酒，還經常到當地的賭場玩個通宵。每天幾乎都賴在沙發上看電視。我讓自己過著與心之所向完全背道而馳的生活，縱容自己的各種欲望，並拒絕任何自我充實的想法。

這對心理產生的副作用非常驚人，比我預想的還要糟糕。過沒多久我就開始負面思考，不時懷疑自己並且覺得自己毫無價值。即使我明知道這只是刻意且暫時為之的實驗，但一件事你做得越多次，它就會影響到你的人格。

才三週的時間，我就覺得自己是個廢物，萎靡滲透我的靈魂，內心毫無希望。想到有許多人也像我一樣陷在這樣的漩渦裡浮沉，不禁感慨萬千。只要心態沒有把持住，身心崩壞的速度可是非常驚人。

首先是我身體發生了變化。人生頭一遭，我胖了四點五公斤，而且還是在短短一個月內發生。我一直用不良的姿勢窩在沙發上，造成背部緊繃又時常抽筋，除了睡不好，還常常頭痛、腦壓升高，甚至掛過三次急診。

意外的是，這段日子我感受到無以倫比的壓力，連續好幾個月，左眼皮跳個不停。百無聊賴反而是最有壓力的生活方式。我覺得，再繼續這樣下去就要死掉了。毫無活動、睡不好再加上營養不足，這三頭怪獸不斷消耗我的生命，我頭腦跟身體的細胞好像都腐爛掉了。

我刻意耍廢，變成一個無精打采、憂鬱、沒有活力又病懨懨的人。終於達成懶廢的目標時，我還真是笑不出來：情緒很糟，身體也很不舒服，一點都不好玩。

在當沙發馬鈴薯超過一個月後，稍微動一下就有夠累。我才深切體會到，生活一直裹足不前，有時不是缺乏動機（其實我很想運動），而是缺乏希望與信念，會讓人精力耗盡、失去自信。因此，我當時並不確定，在耍廢實驗結束後是否還能再恢復運動習慣。

透過這次實驗我才了解，最需要改變的人，通常都是積習難改的人。這次實驗後，我精疲力竭，生活完全提不起勁。我真心懷疑自己是不是墮落過頭。我猜想，要回到原本狀態需要付出很多努力。壓力越來越大，我感到難以招架；它們重重地壓在我鬆垮而無力的肩膀上。

也許你覺得我的故事有加油添醋，但想想看，連續四十五天沒有照顧自己，生活上會帶來多大影響？真的很不好過。我其實可以繼續窩在家，完全放飛自我，不斷向下沉淪。正如好習慣會帶來加乘效應，不良的生活習慣所帶來負面影響會不斷累積，讓問題越來越難收拾。當時的我宛如行屍走肉，各方面都疲弱不堪。[1]

體悟到浴火重生的祕訣

後來我利用本書的策略跟步驟，成功地恢復元氣。彈性習慣幫助我以緩慢、柔韌的步調，一步步修復我破損的羽翼，讓我能再次展翅全速飛行。在它們的支持下，我才能充分發揮所長。這種獨特的方法很少人知道，但非常激勵人心。

即便飛得不如預期得高，但每天都有些微進步，隨著成果逐漸累積，我總算想起自己在頹廢前的狀態，還有自己究竟是誰。

雖然耍廢對我造成一些傷害，好在我的眼皮終於不再亂跳，背的情況也好轉。從這次經驗，我可以跟你保證，彈性習慣這個策略真的很棒，不僅讓我成功擺脫無力感，更讓我在執行「浴火重生」計畫的第二個月，超越我之前透過小習慣所達到的成果，轉變更加明顯突出！我持續利用彈性習慣，把自己提升到更高的層次，相信你也辦得到。

像翱翔的飛鳥一樣，乘著熱氣流上升

我們對個人成長始終有個錯誤的認知，以為一切操之在我，必須時時上緊發條完成重大任務，還得發揮意志力，主動改變與創造生活。在傳統的觀念洗禮下，我們認為只有像英雄般奮力拚搏才能成功，但這對翱翔的飛鳥可不管用。

大多數的鳥類以振翅來產生上升的力量，以此保持飛行。不過其他少數鳥類卻懂得更好的飛行技巧，它們將翅膀伸展至定位來翱翔，還能提升飛行高度。常見的翱翔鳥類包括海鷗、老鷹、鵜鶘、鷲還有禿鷲。

翱翔鳥類不必振翅就能飛行，這全靠自然界的兩種現象：熱流與上升氣流。

上升氣流在山區十分常見，風吹到山脈的一側時，空氣除了往上便無處可去，這股上升氣流能讓翱翔鳥類透過翅膀維持飛行或是提升高度。

熱流是一陣陣比周邊溫度稍微溫暖或更熱的空氣，我們知道熱氣會上升，熱流也是如此。它們是高溫、揚升的空氣柱，也能幫助翱翔鳥類飛行。

下次看到有鳥類以繞圈、沒有振翅的方式飛行，那一定是找到熱流的翱翔鳥類，牠們可以繞著空氣柱打轉，不花一絲力氣滑翔到更高處。致力野生鳥類保育的美國非營利組織「奧杜邦協會」(Audubon）提過，要能駕馭熱流、翱翔天際，禿鷲等猛禽必須非常精準地控制身體，以停留在最佳位置，避免因振翅而消耗多餘的身體能量。[3]

借助熱流與上升氣流的翱翔鳥類幾乎不需振翅，因而省下不少力氣。我很喜歡翱翔鳥類，牠們也許懶惰，但絕對是最懂飛的鳥了。[2]

在生活各方面，我們都不斷拍動羽翼，直至精疲力竭，卻不曾尋找最棒的熱流與上升氣流。如果能像翱翔鳥類一樣，學會將自己放在最佳位置，就能花少一點力氣而飛得更高。

在這本書，你將會學到：

- ❖ 如何實現更高的理想，同時不受反向的壓力所牽制。
- ❖ 在生命中添加各種程度不一的彈性，因應每天不同的狀況，去找到正確的「動力熱流」。
- ❖ 體驗從未感受過的自由與輕盈翱翔。

那話多不說，馬上進入主題！這本書讀起來非常流暢，讓你像游隼一樣翱翔書頁。

第 1 篇

擺脫食古不化的練習法，迎向自由

第一章
生命是流動的，如何應付死板的目標

正如水沒有固定形態，戰爭也沒有固定局勢；能按照敵人情況調整戰術而取勝的人，可以說是天生的將領。

——孫子[1]

如果要從下面三個超能力當中選一個，你會選哪個？

❖ 飛行
❖ 預見未來一週大小事
❖ 每天精通一項技能

我會選擇飛行的能力，在天上翱翔一定很有趣！等等，可是其他兩個選項也非常吸引人。事實上，我真正想要的是什麼你知道嗎？是第四個選項，讓我每天都能從三項挑一項，聽起來很誘人吧？

客觀來說，選擇這個有彈性的第四選項比較明智。就算你每天都選同樣的能力（雖然很少人會這麼做），能夠有替代的選項，對你也不會造成什麼損失。也就是說，擁有多個選項不但沒有損失，有時還能派上用場。

如果能依照人生當下面臨的狀況，去選擇飛行、預知未來或是精通技能，不是很棒嗎？這本書不會教你飛天遁地，但是會告訴你更實用的超能力：彈性。透過彈性習慣和目標，不論什麼情況，你都能讓自己的潛能發揮到極致。想要目標日久彌新、與時俱進，就端看當時的條件狀況，以及你想完成什麼。

很多學習專家都說，保持正向的態度、花費許多精力才能成功，但彈性習慣能配合你的思考模式，不論是正向、負面或是中性皆可運用。在人生的路上跌倒時，這個習慣能不帶批判地扶你一把，幫助你重新站穩腳步，還會助你更上一層樓。其他的生活策略都是用來控制行為，只有彈性習慣能配合你、幫助你。

如果你覺得上述的觀念聽起來十分美好，那你挑對書了。如果你覺得我只是個愚昧的樂觀主義者，那我也知道你的顧慮，但別急著闔上書本。我試過各種方法，這是我目前用過最棒的個人成長與習慣養成策略。

很多人認為，自我督促是養成習慣最有效的策略，所以會以每日的成果為標竿。不過這也只是步驟之一，背後還有更棒、更有效的策略。

生命的運行如同海相一般，有起有落，也有突發狀況

除了電影《今天暫時停止》（*Groundhog Day*）的主角康納之外，沒有人能夠同一天活兩次。如果你活到七十歲，那就有兩萬五千五百五十個獨特又相連的每一天。「流動」這個詞彙最能描述我們生命的狀態：每日、每時、每分、每秒，時間不斷推移、日子永不停歇而且不斷變化。

生命就如同大海一樣：

- ❖ 突然的起落（如海浪的產生與消散）；
- ❖ 穩定來去的高低潮（如潮汐）；
- ❖ 在不同時間點出現的正負動能（如洋流、逆流、離岸流、表面洋流與深海洋流等）；

❖ 埋伏的地頭蛇（如灰六鰓鯊）。

生命如同海水，運行的方式不斷在變，雖有規律可循，卻難以完全預測，經常讓人意想不到。因此，要擁有成功的人生，不論短期或長期，都必須能夠在流動且不斷變化的環境中成長茁壯。如果我們連嘗試都不願意，那就太可惜了。

一直以來，我們只懂得設定死板的目標，不論當下的處境如何，只知道要埋頭苦幹。我們以為只有堅忍、貫徹到底，才能養成好習慣，才能展現勇氣與毅力。但這種觀念實際上不管用。透過以下的例子，我們就能了解，為什麼強迫自己死守原先設定好的目標是多麼不明智。

遇到離岸流，最危險的策略就是不斷往前游

想像自己在海邊游泳戲水，但一想到自己有可能跟鯊魚在同個水域悠遊……矮額，你決定回到岸上、矖矖太陽讀《彈性習慣》（這本書有自我意識會自我推銷）。

快游到岸邊的時候，你想吸引岸上朋友的目光，於是決定展現你那華麗的蝶式泳技。一分鐘後，你停下來小歇片刻，揉一下眼睛後，眼前所見令你驚呆，你心中

大喊：「海灘上怎麼都是螞蟻？」

這沒道理，你還看到瞪羚在飛奔！原來那些不是螞蟻，是人！你才發現自己離岸邊還很遠，因為你被離岸流困住了。

為了展現勇氣、毅力還有堅定的精神，你維持原訂計畫，用最華麗但最累人的蝶式，直直地往岸上游去。你花許多力氣對抗海流，氣喘吁吁，一下子就感到肌肉疲勞。但你絲毫沒有移動一分一毫，海面仍舊那麼廣闊，你更賣力地游啊游，直到最後精疲力盡，慘遭滅頂。

好在這個悲劇是虛構的，不過當中有個重要的啟示，海相變化劇烈，但在海中游水玩樂的你，卻沒有任何改變。你決定用蝶式游往岸邊，並且堅持到最後，是為了讓朋友們驚豔。但當你發現自己被離岸流困住時，就應該改變目標，從「驚豔全場」變成「活著回去」。處境改變時、目標也得跟著調整，這時就需要新的策略方法。

離岸流是範圍小但強而有力的海流，從岸際流向海洋。的確有人因離岸流而喪命，狀況都跟上面說的情況一樣，因為恐慌而死命地直接游向海流，最後力竭只能載浮載沉。

只要冷靜下來，採取聰明的策略，其實有很多方式可以擺脫離岸流。最好的方法是先往海岸線的平行方向游一會兒，接著再朝岸上游。[2]這是很好的生活隱喻，因為「繞路」游，看似沒有前進，但有時卻是為了前進而必須做的事。離岸流的範圍比較狹窄，遠離它再游回岸上並不會花上太多時間。

第二個方法就是放鬆，讓海流將你送回大海，等海流消散後，再游回岸上並且呼救（如果有需要的話）。堅持與海流對抗反而最危險，一股腦要往岸上游，只會讓自己體力耗盡。

臨機應變：大腦被忽略的能力

人類的特長就是能應付各式各樣的情況，因為我們有無限的適應力，不僅能克服多種挑戰，還非常擅於即時解決問題。不過，要能充分發揮這種能力，我們必須先讓自己學會適應各種情況。

大約有百分之九九點九九四七的目標和習慣養成法，都是死板而沒有彈性。這些策略都很嚴格，完全不考慮你的個人情況，你得撐過各種困境，竭盡全力達到預先設定的單一目標。你沒有臨機應變的空間，不管是感冒、受傷、心力交瘁，或是巧遇初戀情人想去敘舊，都要達成目標。就是這種冥頑不靈的想法，讓你在離岸流中一命嗚呼，既無法達成目標，也培養不了任何習慣。

說到適應環境和充分利用當前處境，沒有什麼比你的大腦更厲害了。大腦正是你成功的關鍵！

你的腦袋這麼機靈又有智慧，你卻限制它的用途，不能隨時調整策略，還死硬地遵守絕對的規定。這正是向大腦宣戰！你清楚自己的人生、能力還有極限，不需要執著那些「一體適用」的計畫。面對那些死板的計畫，你也許能強迫自己堅持兩週，但最後你一定得違反一兩項原則，才能解放自己強大的心智。[3]

我們想做的事，不見得都要出於有意識的決定。但隨著情勢發展，我們可以放寬選擇的範圍，適時改變目標。善用當前的有利條件，自由地微調習慣，不論是深度還是類型，經年累月下來，就能夠逐一達成各種目標。你不會再覺得舉步維艱，不管你身在何處、身心狀況如何，習慣都會跟著你調整。

無論是設定目標或養成習慣，都必須符合「金髮女孩原則」（Goldilocks principle），既不能太容易也不應太困難，還可以帶來足夠的滿足感，這個目標每天都會變。每天我們都有不同的想法，有時你想要征服世界，有時你又覺得單純活著就很滿足。沒有任何一個目標可以完全滿足我們生活中所面對的各種情況。

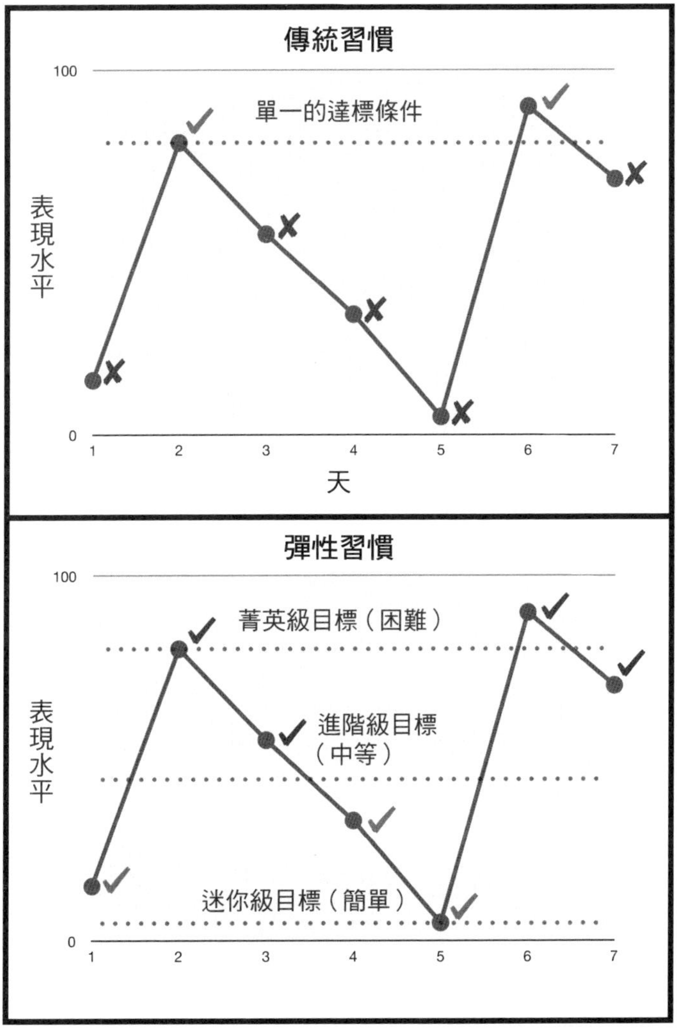
傳統習慣
100
單一的達標條件
表現水平
0
1
2
3
4
5
6
7
天
彈性習慣
100
菁英級目標（困難）
進階級目標
（中等）
表現水平
迷你級目標（簡單）
0
1
2
3
4
5
6
7

＊小結

生命流動且充滿變化，為什麼得死守僵化又難以維持的習慣呢？一定有更好的方法。

第二章
自由的力量

「為了當前的安全而放棄寶貴自由的人，不值得擁有自由與安全。」

——美國開國元勛班傑明·富蘭克林

制約與自律是兩碼事。

從小到大，我們受到父母、師長還有其他權威的制約。犯錯會受到懲罰，做對能得到獎勵，或至少不被懲罰。

我們長大成人後，都很熟悉這種制約模式：控制他人行為以達到特定結果。但我們只懂得外在制約，而不是發自內心的自律。有些人能把外在要求變成自己的內在守則，成為自律甚嚴的人，但這樣的人不多。長大成人後我們有更多的自由，卻無法隨心所欲完成目標，怎麼會這樣？

外在的獎勵與懲罰只能形成制約，但要成為自律的人，就要具備自由的精神並加上不斷練習。

只有自由才能達成自律

只要將兩個概念區分清楚，曖昧的迷霧就會逐漸散去。權威人物透過獎懲控管我們的行為，這個模式稱為制約。主宰自己的人生，凡事自動自發，成為自己想要成為的人，才是自律。[1]澳洲中國武術健康中心（Chinese Martial Arts and Health Centre Australia）的教練華特斯（Lester Walters）說過：「關鍵在於，必須循循善誘，才能培養自律的精神，而非強迫自己去遵守每項規定。」

自律是一項技能，但必須具有選擇的自由才能持續下去。聽起來可能很怪，但是你沒辦法強迫自己自律。就算你昭告天下，也沒辦法馬上變成自律的人，因為你不一定有方法。不過，至少你可以選擇「放棄」自律的生活；這個選項從沒有消失過。

偶爾你可以強迫自己過上一段自律的生活。話雖如此，自律並不是一種當下的選擇，而是透過練習學來的技能。正如彈一次吉他不會讓你變成吉他高手，少吃一包零食不會變瘦，久久才上一次健身房也不會讓你身體更強壯。

談到這裡，我們已經釐清目標、生命、自由、制約與自律等概念，我們才理解到，為何控制自己的行為會這麼辛苦。下面這幾段敘述，看看你是否有共鳴：

❖ 生命會流動而且無法預測，永遠都有高低潮，還有六鰓鯊在暗處埋伏。

❖ 人的大腦非常強大，有創新思維且擅於解決問題，所以面對變動的狀況能夠即時因應。

❖ 大多數的目標還有觀念系統都很死板，無法調整，沒有考慮到生命的變動本質，讓強大且有能力的大腦毫無用武之地。

❖ 他人透過獎懲來控制我們的行為，這種強加的規範叫做制約。

❖ 我們自動自發，成為自己想要的樣子，便是自律。

這幾點歸納起來，有發現關鍵在哪裡嗎？

利用從小學到的外在制約來改變自己，等於是把自己變成奴隸，透過僵化且單一的目標來改變人的內外狀態，以此改善生活。但要徹底轉化人生，需要的是自律，而那只能從個人自由與自我賦能而來。因此，我們必須採取截然不同的策略。

過去我們總是設立嚴格、硬性的目標來形成外在推力，例如要求自己每天都要做一百下伏地挺身；其實目標也可以彈性調整。

以前我們會不斷提高期望與投入的心力，要求自己必須做到，不論遇到什麼困難，都不能當作藉口；其實，可以依照當下的情況放低期待，減少無謂的付出。

以前只要沒達成目標，我們就會懲罰自己，覺得自己是個可恥又失敗的人；其實不需要感到羞愧，只要有進步都是好事。羞愧感只會打擊信心，讓自己覺得很多事都做不來。

不要把自己變成目標的奴隸

有時逼自己做點正向的事也不錯，不過往往最終把自己變成目標的奴隸，被既定的計畫所囚，不再是人生的主宰。之所以有這種問題，是因為我們只看到自律的表象，卻沒了解內在實際運作的原理。對於沒有受過訓練的人來說，會覺得自律就是強迫自己做事，但殊不知那是透過自由精神來產生興趣，進而養成自動自發的習慣。

問問自己，為什麼說到要改變行為就感到很掙扎，好像有千斤萬鼎壓在身上一樣。有什麼比活出自己想要的人生更令人滿足呢？有什麼比追求你所認同的價值更重要呢？有什麼比成為自己理想的樣子更令人興奮呢？改變行為很辛苦，也需要耐心，不過如果方式正確，就能釋放自己的天賦，給人生帶來許多樂趣和喜悅。

你必須喜愛、尊重那件事，完成相關的必要事項，才有辦法把它變成習慣，維持好幾週、幾個月甚至好幾年。換句話說，你不能覺得自己是目標的奴隸，而是要立志成為它的主人。奴隸每天都過得心不甘情不願，只有從奴役中解放，擺脫任何形式的束縛，才能活出人生。自律奠基在自由之上，透過正確的步驟慢慢練習，你就能活得自在又有自信。

無論有什麼超自然的力量，都無法阻止我們活出最棒的人生，反而是我們自己習慣停下逐夢的腳步。為了當前的利益而犧牲自由，到頭來還是會想爭取回來。自由是人類最重要的天性，一開始就以它為行動基礎，就不會找藉口停下腳步。

這就是本書最重要的核心論點：比起強硬逼迫，從自由狀態展開的行動更有力量與效果。有些人反駁道，強迫自己雖然不快樂，但至少有效。然而這些人輕忽了自由的力量。

自由是唯一值得考慮的道路，它就是人生最重要的價值，沒有任何一個目標值得犧牲它。

遺憾的是，我們經常為了短暫的利益而犧牲自由，其實可以利用自由的力量來追尋長遠目標。在此不妨回顧美國開國元勛派翠克·亨利（Patrick Henry）的著名演說：

> 諸君為什麼還站在這裡觀望？你們的理想在哪？你們的目標是什麼？難道你們願意被鐵鍊綁縛、成為奴隸，以保住珍貴的生命與甜美的和平？老天爺！千萬別讓這事發生。我不知道別人會選擇什麼樣的路，但對我來說，不自由毋寧死！

既然我們同意自由強大而有力，那麼問題來了，在習慣養成與追求目標的過程中，它扮演了什麼樣的角色？[2]

自由沒有壞處嗎？

若是有人看到耍廢的我，應該會說：「自由讓人放縱，你就是個鐵證！」但那不是自由，而是被壞習慣所奴役。當時我杜絕自己大部分的好習慣，正如同一般人設定目標時，會限制自己的行動條件。

雖說如此，我也理解，有些人會濫用自由，選擇頹廢的生活方式。我實驗過後才了解，自由會伴隨一定的風險與不確定性，所以人們寧願拋棄自由，過著相對穩定的生活。

其實自由如同桌鋸，可以用來做漂亮的櫃子，也能把手指鋸斷，端看你用的是哪種技巧和策略。要發揮桌鋸的功用，我們需要一套有系統的方法，同時不讓我們的手指頭承受風險。

自由如此強大，一定要反覆練習，才懂得運用它的力量。對我們大多數人來說，既然有絕對的自由和能力，能做任何想做的事，那一定會去追求自身利益。得到自由給予的力量後，再不斷練習，打磨成技巧。經由本書所提供的架構與策略，讀者就能放心地在日常生活中發揮自由精神。

我們都會害怕，選擇自由生活後，會越來越自我中心，難以克制一切。正如一般人會擔心，允許自己隨心所欲地吃，就會暴飲暴食，導致體重直線上升，所以會設法克制食量。然而，我在《減重的小習慣》（*Mini Habits for Weight Loss*）一書中討論過，研究顯示，比起食量正常的人，節食者反而更容易暴飲暴食、造成肥胖問題。聽來令人訝異，但仔細想想，節食者不就是選擇成為某種飲食法的奴隸嗎？而奴隸都想做什麼啊？造反，然後追求自由。切記：想減重的話，千萬別把吉事堡當成自由的象徵。

接下來我們會說明，運用彈性策略，不僅讓你擁有自由，還能自然養成適合自己的獨特生活習慣。這套方法完全顛覆你先前學過的概念，讓你用新方法追求目標、養成好習慣。

＊小結

生而為人，每個人都渴望擁有自由，活出自己的人生。有些人會犧牲自由以換取短暫的成果（如節食），但唯有保護與善用自由，人生才能大躍進，改變的腳步也不會停歇。

第 2 篇

彈性與柔軟

第三章 彈性即力量

「流動的水象徵柔弱與隨順，石頭則是剛硬而不屈，但水能穿石。由此我們得知：流動、柔弱與順從能克制剛硬。或許我們也可以說：柔弱亦強韌。」

——老子[1]

根據韋氏字典，彈性（elasticity）的定義為[2]：

❖ 彈性，名詞，有彈性的特質或狀態。

❖ 有能力將受力變形的主體回復到原先的大小和形狀。

❖ 物理上的韌性。

❖ 具有適應的特質。

以上哪個定義與本書的彈性習慣有關？答案是，每個解釋都通，而且彈性習慣的意義不只如此。

物理學上的彈性概念

最接近彈性的同義詞之一，就是韌性。我們可以用它來描述每個物體的彈性程度。而物理學中有個概念叫做彈性極限（elastic limit），也就是物體伸展能力的最大值，超過的話會永久變形。

如果物體延展後還能彈回原本的形狀，代表還沒達到彈性極限。稍微拉一下橡皮筋就會伸長，然後回到原本的樣子。如果橡皮筋伸長之後鬆掉或斷掉了，就表示已超過橡皮筋的彈性極限。

彈性模數（elastic modulus）則是用來測量，物體承受多少力量就會短暫變形。所以，以橡皮筋來看，它的彈性極限比較高，而彈性模數比較低，因為它一受到外力就會短暫變形。鑽石的話，它不易碰傷、斷裂、凹折或是延展，所以彈性模數很高。我們可以用兩種不同的方式來解讀彈性，很奇妙吧！就連這個詞本身都有彈性！

這些不同的彈性標準共存於物理學中，好像很難懂，但其實是用不同方式測量同一件事——面對壓力的韌性。鑽石是地球上最堅硬的物體，能承受巨大的壓力，從不屈服。橡皮筋則是以隨順的姿態，改變形狀來「適應」壓力，最後再回到原本的形狀。若未達彈性極限，在壓力解除後，這些有彈性的物體，就會回到最剛開始的樣子。這兩種物體都具有韌性，不會因外加的壓力永久改變性質。

充分理解彈性的意義，我們就能明白它的真正價值：不光是變得柔軟，而是強化面對壓力的韌性。想要培養習慣的人，應該馬上會有共鳴。我們都希望，在面對壓力時，還能朝向既定目標，維持平常的習慣，期待自己更有毅力、更經得起考驗。只要掌握彈性原則，就一定能改變人生。

彈性就是力量

這本書名為《彈性習慣》，所以我們一定會談到柔軟，讓人意外的是，柔軟應該是世上最強大的力量。為什麼彈性可以提供力量與韌性，可見以下各項說明。

盤根錯節的樹根構成強健的生命力

我最喜歡的一部電影是《魔戒二部曲：雙城奇謀》。在艾辛格要塞，邪惡的巫師薩魯曼在地洞工廠訓練半獸人軍團，為了提供工廠動力，他必須大量燃燒周圍的樹木。為了保護這些樹木，樹人挺身而戰攻打艾辛格。

樹人是巨大的生物，能夠走路，也能說話。牠們用自己強而有力的樹枝痛擊、踢打甚至肢解半獸人，還破壞附近一個大型水壩。接著，樹人往下扎根穩穩站著，以確保自己不被滾滾洪流沖走。大水沖毀了地下工廠，帶走了一切，只有原地生根的樹人直挺挺地站著。[3]

要如何把樹連根拔起？伐木工只能用電鋸砍斷樹的底部，因為樹根深入土地，即使是一般常見的小樹也是如此。有的樹幹高高瘦瘦，但底下有盤根錯節的樹根，構成龐大且穩固的基礎。就算其中一條樹根枯死，其他樹根仍舊可以支撐樹幹。除了加強底盤，樹根越多，吸取水分的範圍就越廣，讓樹木度過乾旱的時期。樹根真的好棒棒！

同理可證，缺乏彈性的人，做事情只有單一基礎，就像只有一條樹根的樹。這樣的樹當然可以活下來，但只要那條樹根斷了就沒救。多重樹根讓樹木有強大穩固的基礎，得以面對環境的考驗。人類也一樣，需要各種根基來培養強大的韌性。

有彈性，才能隨機應變

不管在生活中的哪個領域，都需要有隨機應變的能力，因為我們無法完全控制環境或他人的行為。作風死板的人，只要遇上預期外或是不順心的狀況，就會自亂陣腳。有彈性的人招數可多了：第一關先避開危險，再用強力電鋸突破第二關，再來穿上彈簧鞋飛過棘手的第三關，最後在大魔王登場前就先改變方向。

掌握彈性原則，就能隨機應變找出更多成功方法。不管當前的情況是好是壞，或是有突發狀況，想法越靈活，就越能保持積極主動的態度以及韌性。畢竟人生最重要的現象就是無常。

保持彈性精神，視野就會更開闊，讓你看見更多機會

樹根越多，就能吸到更多的水分。彈性讓我們找出更多生路，也幫助我們看見更多機會。武術大師李小龍說過：「死守一板一眼的生活與思考模式，就無法因時制宜做出調整。然而，只有跳脫固定的模式，才能找到真理。」

抱持固定心態的人，只有一種思考或做事方法，無法看見其他可能性。在某些

情況下，堅持是好事，比如一鼓作氣完成工作，但在其他情況下反而壞事。舉個例子來說，當年影碟出租業者「百視達」經營遇到危機時，原本可以改變策略，比如買下影音串流平臺「網飛」。

一九八五年，百視達從出租錄影帶起家，到二〇一〇年，它的服務項目還是只有出租影片，最後宣告破產。百視達創立後的前二十五年，實體的影片出租店一直有穩定的收益。不過後來影音串流平臺突然興起且大受歡迎，原先的商業模式就不再管用了。唯一維繫命脈的樹根斷了，整個產業就跟著淪陷。百視達沒有及時看到其他機會，如買下當時一家名為網飛的小小新創公司。

網飛剛開始是提供光碟寄送到家的服務，這在當時是個非常新穎的做法，也影響到百視達的生意。網飛在二〇〇七年加入線上串流服務，後來成為它的核心營運項目。時間快轉到二〇一九年，網飛成為製片大廠，製作許多電視節目和電影。它在理念與策略上一直維持彈性，最後在競爭激烈的市場中成為領導者，其股票成為二十一世紀最亮眼的投資標的。網飛在二〇〇二年公開上市，到二〇一九年，其股票成長超過百分之三十一萬。

在你的策略清單中，如果你一開始就加入彈性方法，就會有更廣的視野，不僅能預測未來會出現的威脅與機會，還能因應不同情勢有不同應對方針。當然，你還是能有自己偏好、必備的方法，但多了彈性，就能夠擁有更多更好的撇步。不論當下的處境是好是壞，透過靈活的心智，你就能創造更多預期的成果。

保持彈性，就能更有效率地分配資源，提升自由感

以彈性當成擬定策略的原則，你就能即興發揮、調整目標，以符合當天的狀況。如果你硬要「按照計畫行事」，一旦遇到突發狀況，就只能切換到其他工作項目，這樣反而毫無章法又沒有效率。

作家都知道，在有些奇妙的時刻，文字語句會自然流淌而出。我總是教大家：「等鍵盤發熱的時候再寫！」（現在不太有人拿筆了。）只要保持彈性習慣，就能在一天內不定時執行同一項目，這種極大的自由感，讓你時時保持動力以追求想要的目標。

＊小結

彈性就是韌性，它強而有力，能克服阻力，讓我們繼續前進。它能供應源源不絕的能量。練習彈性策略，就可以用各種方式來克服不同的挑戰。下一章，我們會探討，如何運用垂直與水平的彈性概念，來創造所向披靡的彈性計劃。

第四章
以全新的方式運用彈性原則

「眾人知道我克敵制勝的方法，卻不知我如何巧妙利運用它們。戰勝敵人的戰術不要重覆，而是應該依照各種形勢來決定你的方法。」

——孫子[1]

我之前提過小習慣的概念：每天執行簡單的小動作，就能養成長久的習慣。這些小動作簡單到令人發笑，因為聽起來真的有點傻，像是畫畫一分鐘、做一下伏地挺身或是清理房間的一角等等。小習慣外表看似無用，實際上非常強大，因為大多數的目標是終點，但小習慣是起點。當然你可以多做一點，但重點在於，有做總比什麼都沒做要來得好。

「堅持」不是口號，而是要有方法

後面會大量談到何謂目標，但這本書既然跟習慣有關，所以我想要解釋清楚兩者的關係。

「目標」是我們想要完成的事項，或是期待實現的成果，而「習慣」是規律的作息或固定的行為模式。想要完成的事項或是期待的成果有很多，包括養成某個習慣。而習慣是藉由每天達到相同的目標而養成。你會發現兩者的重疊之處——你的長期目標是養成習慣，而習慣本身是由每天達成小目標而養成。

所以我說的目標，是那些有助於養成習慣的每日目標。想要有效養成習慣，你必須學會持之以恆，每日完成一個小目標。我們總是認為，持之以恆就是用意志力撐過難關，但凡事起頭難，一定要從簡單的步驟開始。

全世界有數千萬的人經由生活中的小習慣來改變行為以及人生。只要培養有趣、簡單好操作的小習慣，不知不覺就會把完成任務當作第一要事。許多人會把「堅持到底」掛在嘴上，比如自豪每天至少要花兩小時練吉他。其實他們只是把過程變得更加困難。他們看重的不是堅持，而是分量、自尊、速成的效果還有成就。

要堅持到底，標準就得低到根本不可能會失敗，也就是說，用最低標準來完成任務，而不是虛晃一招。不管你此刻是否處於頹廢的狀態，小習慣都能助你重新找回活力。每天都喚起小習慣，就能創造出驚奇又正向的前進動力，活力源源不絕而來。

每天都爬小山不過癮，有時也想挑戰百岳

每天做一下仰臥起坐，這個目標雖然能順利完成，總感覺有些遺憾。的確，每天完成小習慣、取得小成果是件好事，但很快地在某個時間點，你就會想要看到更多進展以及更大的成果。你想看到具體的成果，證明自己有在前進，就如同從小小的池塘一躍到汪洋大海。

這並不是說，光憑小習慣無法開創成功的新巔峰，這套方法管用，許多人都因此受惠，包括我自己，只是有需要改進之處。此外，本書所提出的創見，有很大一部分是建立在原本的小習慣架構上。

從小習慣進化到彈性習慣後，在策略上就會更靈活、更有效，如同樹根往四方發展。每天都可以達成不同的目標，不論短期或長期來看，都能孕育不斷進步的潛力。

體操選手比舉重選手更強壯

變強大的方法有很多，但如果想要得到極致的力量，就要充分發揮彈性精神。人體也是如此。一般人想要表演劈腿，看起來都很搞笑，甚至會不小心受傷。不過，像體操選手那麼柔軟有彈性，就能輕鬆辦到。你知道嗎？在同量級的運動選手中，體操選手是地球上最強壯的人。他們靈活而有力，改練舉重的話表現也會很優秀，即使那不是他們原本的訓練目的。

體操教練桑默（Christopher Sommer）提到，他在高中指導重訓課程時，有個學生體重只有六十公斤，硬舉卻可以做到一百八十公斤。桑默說：「就我的經驗來看。許多體操選手第一次嘗試臥推，就能舉起自身體重兩倍的槓鈴，俄式挺身[2]也一次就上手。相反地，舉重選手一開始的臥推重量絕對不及兩倍體重，俄式挺身更是完全不行。」[3]

舉重選手訓練的動作項目比較少，因此在特定領域非常強大，但體操選手的訓練多元又有變化，對其他運動項目很快就能駕輕就熟，包括舉重。

柔軟彈性是鍛鍊極致力量的基礎

我加上「極致」這個詞，不是為了騙字數，也不是想賣弄名詞，但它能做出重要的區別。畢竟，就算不用彈性策略，也能夠培養出「優秀」的力量。因此在這本書裡我不會說彈性是唯一變強或是成功的方法（這樣的說法本身就不具彈性），但我會說彈性是最好的方法，而「極致」的力量是來自彈性，否則只能算是「情境力量」（situational strength）。[4]

因此桑默教練才說：「不具平衡、靈活、協調與爆發性的力量，對於運動毫無用處。」

接下來我會告訴你小習慣策略的強大之處，教你如何使用水平彈性，再告訴你彈性習慣的創新之處。如果你已經養成小習慣的話，這個新概念能夠完全配合你現在執行中的計劃。

透過小習慣發揮水平彈性

每日完成小小的目標，就能取得簡單可見的成果。成功達標後，再考慮是否要更進一步。舉例來說，每天做一次伏地挺身，總比一下都沒做還好。你可以一直維持這個強度，或是進步到五下、十下或五十下，看你的意願。

小習慣能充分展現水平彈性的特色，也就是說，達成目標的方式有非常多種，甚至可以中途改變目標。舉例來說，我們可以混合不同的小習慣，這樣就有兩種判定成功的標準，不管是操場走兩圈或是做一下伏地挺身都算達成運動目標。

為了擁有更多水平彈性，目標完成的時間，只要設定在每天上床前就可以了。這樣就有一整天的時間來培養習慣，而不是強迫自己一定要在一天內的哪個時間點執行。

你可以每天找出不同的執行點來練習小習慣，甚至可以用不同的方式來達成。小習慣策略不會讓你覺得綁手綁腳，因為它既有彈性，又很容易辦到。你可以反覆檢視自己的簡單目標，然後根據每天最適合的情境去完成它。

許多人都證實，水平彈性是個有效的策略，它改變了培養習慣的方式，讓持之以恆變得很容易。但水平彈性只是彈性的一個面向。以打籃球為例，你不會只想要水平移動，從左到右或是從前到後，你也會需要垂直上下移動，像是跳起來灌籃、蓋火鍋或是飛撲到地上去撿球。[5]

只有全面的彈性策略才能發揮最大力量。除了有小習慣作為水平的彈性架構，還必須加上垂直彈性，接下來我們看看它的功效為何。

透過小目標激勵自己前進

為這本書進行相關研究的時候，我突然想到一個方法可以用來確認前幾年的構想。當下我驚呼不已，因為我知道，這個方法一定有助於人們設定目標和養成習慣。二〇一七年史丹佛大學的研究指出，大小目標有各自的優點和缺點。[6]研究人員想證明的假說是，不同階段的目標有各自的完美動力來源。以一百下伏地挺身來做例子吧。

研究發現，設立次要目標（每次做十下而不是一百下伏地挺身）會更讓人更有動力前進，因為它能提升「可達成」（attainability）的感覺。所以我們先設定十下為目標，更能往一百次伏地挺身前進。下一章我們會繼續討論這個概念。

假設不斷練習下去，已能做到七十五下甚至一百下伏地挺身，就會相信自己的目標能不斷提升，這時次要目標就很難給人動力了。就像我們已經打到大聯盟，願景跟目標也會提升到另一個檔次。這時，最強的動力來源不是可達成率，而是完成更大目標所帶來的價值。

這樣說蠻合理的，對吧？那我們不禁要自問：「我真的能完成那遠大的目標嗎？」既然我們認為成功勢在必得，知道自己可以取得更大的成果，就不必拘泥於小目標。

史丹佛的研究人員經過四個不同的研究，證實他們的假說。他們發現，不同的完美動力來源會出現在追求目標的不同階段。也就是說，包括我自己在內，每個人都把動力與目標的關係想得太簡單。這個研究顯示，設定目標時必須有更好的策略。

這邊要進一步說明，就連清楚明確的「目標階段」概念，都只是為了符合傳統又簡化的成功定義，它的達標條件很單一，設定目標的方式又過於簡化。事實上，不誇張地說，人類的行為動力隨時在變。

史丹佛研究人員提出的整體架構著重在小目標，有助於我們在一開始追求目標時勇於行動，而遠大目標背後的價值會督促我們走到終點。但是如果把目標替換成習慣，就沒有所謂的終點，那可是一輩子的事！雖然在追尋的旅程中，我們還是會時有信心、時有懷疑。

懷疑自己的時候，小目標可以幫助我們前進。相信自己的時候，大目標可以推動我們去實現理想中的最大遠景。同樣的道理，我們每天的體力與情緒有高有低，作息應該隨之調整。不論我們需要哪方面的動力，唯一能確定的是，動力不會維持不變，這一點必須謹記在心！

就算取得成功的方式只有一種，但稍微調整達標的條件，盡量讓自己保持動力，也合情合理。根據這項研究，一開始你必須專注完成小型的次要目標，等到有重大進展時才嘗試挑戰大目標。這個策略比其他策略更為聰明有效，但我們要超越它。重點在於，我們不需事先設定單一的目標，依據垂直彈性的原則，我們只要直覺地選擇今天、此時此刻最有動力的目標，也就是說，我們不需要刻意區分自己目前在哪個階段，應該追求哪個目標。

了解動力與目標大小的微妙關係後，我們得到許多啟發，進而改善思考與養成習慣的方式。對於這個近期的研究發現，每個人透過自己的經驗和直覺去回想，應該都會產生共鳴。畢竟我們都追求過各種大小不同的目標。

而且，大多數人應該都同意，不同的目標大小各有利弊，但重點在於如何善加利用。讓我們繼續看下去。

讓大小目標搭配互補

透過彈性習慣的原則，我們混合各種大大小小的目標，來平衡各自的缺點。讀者應該已經理解彈性的概念，馬上就能掌握接下來的綜合觀念。

盤根錯節的樹根才有生命力

道理很簡單，樹木只有一條樹根的話，只要它乾枯或被砍斷，就能輕輕鬆鬆地被移走。樹木內外在會這麼強壯，是因為它的力量多元分散在許多樹根上。垂直彈性也是同樣的道理，能幫助你達成每日目標，進而養成終身的好習慣。

垂直彈性能夠平衡各個目標的缺點

在設立目標時增加垂直彈性，就是要擴大或是縮小目標的大小。為了解釋垂直彈性的優點，想像有兩塊大餅，每個大餅各有三塊小餅，而且大小不一。

其中一塊餅包含三個主要目標的優點，而另一塊餅則是各自的缺點。藉由這樣的方式，你會清楚如何把三塊大小不同的小餅裝在一起，以創造最大利益，成為完美的「目標大餅」。說得專業一點，這個方式是要告訴你，我們得想辦法整合每種目標的優點，讓它變成多功能的超級武器。

另一方面，缺點大餅包含所有目標的缺點，也是由大小不同的小餅來代表。大小目標有各自的優缺點，所以我們沒辦法光憑優點就選擇要達成大目標或小目標。

優點大餅

小塊：容易上手，不會讓人馬上打退堂鼓，非常容易堅持下去，能產生強大的幹勁。

中塊：起步不難，不會讓人喘不過氣來，完成後還能呈現令人滿意的成果，付出的努力與成果比例相當。

大塊：能激勵我們「起身迎戰」，勇於追尋夢想。完成後，不僅旁人佩服，自己也能得到強烈的滿足感。就算還沒執行，光想到都讓人精神為之一振。

理想的話，我們希望能發揮這些餅的所有優點，接下來看看缺點的部分。

缺點大餅

小塊：成果不起眼，似乎沒有完成的價值，一直維持小目標，會感受不到有任何進展。（別跟買《驚人習慣力》的讀者說。）

中塊：比較不容易上手，堅持下去也需要一點毅力。沒有完成大目標的痛快與滿足感，比起其他兩種目標，優點只能算持平。

大塊：壓力大到令人動彈不得，難以堅持下去，更難養成習慣。只要一碰到失敗，就會讓人心力交瘁，非常沮喪。

無論大目標或小目標，都沒有完美的選項

從優缺點大餅可以知道，並沒有所謂大小剛剛好的「完美」目標。不過，還是會有人緊抓著其中一塊不放。這就是人的天性，不是嗎？選了一塊，然後死守到底。政治也是如此，許多人只看事情一面，而不是從多個面向來評估。

運動賽事也一樣，鐵粉球迷最討厭的就是敵隊的明星球員，即便這位球員贏了六次超級盃、是史上最厲害的後衛，還是令人厭惡。在探索人生的路上，我們一直

在尋找真理，卻老是逃避可能的解方，還對自己的缺失視而不見。

再讀一次各個小餅的優缺點，有發現趣味之處嗎？有發現對稱關係嗎？

每一小塊缺點餅剛好都有一小塊優點餅能夠抵銷！舉例來說，大目標的缺點是壓力過大令人動彈不得，而小目標的優點則是避免壓力過大，讓人裹足不前。而小目標主要的缺點是太簡單，正如每天都只練吉他一分鐘，不會給人滿滿的動力、挑戰和新鮮感。而這剛好是大目標的優點，練琴兩個小時或是學會一首新歌，會令人為之振奮和雀躍。

中目標位於中間，能平衡兩種極端情況，它本身有好有壞能相互抵銷。它難以激起人的豪情壯志，但也不是舉手之勞就能辦到；不會太簡單，但也不會太困難。不是最好，但也不是最糟。這便是所謂的中庸之道，偶爾我們需要平衡一下。

這些大小目標的優缺點彼此互補。但有人會問，為什麼不選一塊，只關注它的優點就好呢？這很重要，所以我要再說一遍：「為什麼只挑選一個目標？」何不綜合起來，發揮所有大小目標的長處呢？這樣還可以彌補它們的缺點。

如果你覺得聽起來太美好而不切實際，嗯……那我告訴你實話：就是這麼棒！這是我個人親身實證的體驗。我擺脫一蹶不振的頹廢狀態，如同鳳凰浴火般重生，靠的關鍵方法正是這個。不管是追求目標或培養習慣，都要發揮完完全全的彈性！

三種目標就像專業團隊一樣，各司其職。長久以來，我們只知道挑選其中一項去追求！又或者，你總是每隔一段時間，硬生生地從一個目標換到另一個目標，而非隨心所欲，依照目前當下生活的狀態來改變目標。別擔心，我們都是過來人，但你人生的道路指引你拾起這本書，在這個機緣之下，你便能比之前活得更有智慧。

下一個問題是，我們如何將這三種大小目標整合成合理而運作流暢的系統，以融入我們忙碌的生活。這一點我們會在後面的章節深入探討。

現在，我們要深入了解心理的運作模式，包括改變行為的動力。在《驚人習慣力》中，我認為動力會造成反效果，因為它無法配合小習慣策略。但納入彈性原則後，我的理論架構就改變了，現在行為動力會發揮很大的效果。這邊只談了點皮毛，下面還有更精采的內容等著你，保證讓你耳目一新。

＊小結

大小不同的目標可以一併放入計畫，既然各有各的優缺點，為何只執著單一目標呢？

第 3 篇

透過選擇激發動力

第五章
用全新觀點理解行為動力

「悲觀的人在機會中看到困難；樂觀的人在困難中看見機會。」

——英國首相邱吉爾

動力會讓我們採取行動。理想上，在追求目標或是培養習慣時，你會創造環境，讓你有往前的強大動力。談到這裡，有讀過《驚人習慣力》的讀者可能會覺得奇怪，我一向都避談動力，比較喜歡講意志力，為什麼現在不一樣了？

意志力是有意識地決定採取行動，不論是否有動力去執行。意志力仍然是執行小習慣最棒的方法。如果你只想養成小習慣，那就不必尋找動力，做做簡單的事情，例如走一圈公園，或是用鋼琴彈一首兒歌，不用花費時間、精神或氣力。如果覺得沒有動力，你可以強迫自己去做，這些事情很容易上手。

在本書所提供的策略中，繼續保留小習慣這樣的基礎目標，讓意志力發揮作用，但也會有高階目標，以供動力高昂時追求。

針對每一種習慣，可以從水平和垂直的角度延伸出去，這樣就會有九個選項，每一項都有適合的動力狀態。聽起來很棒吧！

最重要的是，即便你今天只有動力執行其中一個選項，還是能達標。這不會很複雜，在後面的實戰篇中，我會解釋這九個選項如何設定，而且絕不會讓人累到喘不過氣來。

在不同的情境下，大小目標會觸發不同的動力，影響有好有壞，如同史丹佛大學的研究所示，在某些情境下，規劃「次要目標」很有用，但在其他的情境下反而是幫倒忙。這的確是有開創性的想法，來看看它如何變成完整的方法。

啟發動力的三個標準：可達成、令人佩服、卓越

平庸的將軍會說：「理論上，我們應該能打贏這場仗，出征吧！」他最後一定會打敗仗，因為他對自己的戰術沒有十拿九穩的信心，只是胡亂猛攻。來看看偉大將軍給的建議，孫子說：「首先，要制定必勝的計畫，然後出軍迎戰；如果不先籌

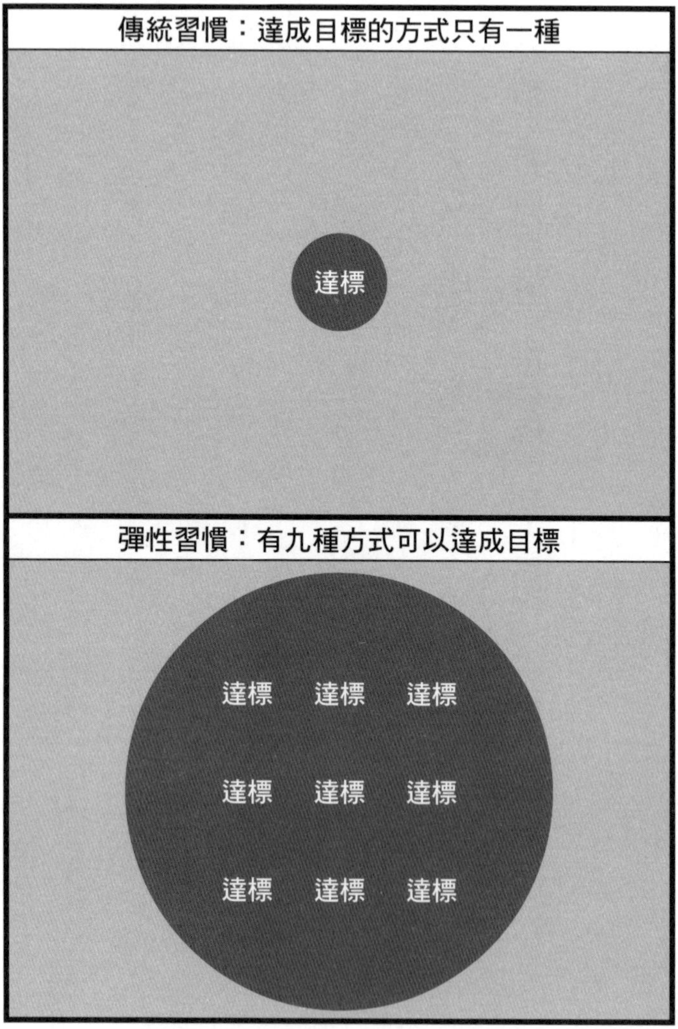
傳統習慣：達成目標的方式只有一種
達標
彈性習慣：有九種方式可以達成目標
達標　達標　達標
達標　達標　達標
達標　達標　達標

謀，只想靠蠻力，就無法保證取得勝利了。」[1]

「凡事都有可能，我要全速前進」，這種心態註定會失敗。而是應該這樣想：「只要有適當的策略，我就能完成最終的目標，所以我要妥善擬定計畫。」要設定良好的戰略，就要熟悉戰場的情況，因此我們先來解析目標如何啟發人的行為動力。

行為的誘因就是球棒上的甜蜜點，一觸即發

為什麼要追求目標？有人會說：「為了得到某些好處。」這個理由很合理，利益讓人有行為的動力。但還有一種動力來源，我用幾個天馬行空（甚至有點討人厭）的問題來解釋：

問題一：在牆壁捶出一個洞或飛簷走壁，你會選哪個當作目標？

我猜你會選捶牆壁，雖然它缺點多多，但優點是比飛簷走壁容易達成。不過，飛簷走壁一定可以令人驚呼連連，為什麼不試試看呢？原因在於，雖然它能帶來更多成就感，但因為地心引力的關係，常人根本做不到，必須有特殊的裝備才能勉強

實現。換句話說，「可達成率」是會影響我們動力的關鍵要素，讓我們在不同行動中做出選擇。

問題二：捶打牆壁或親響尾蛇的臉，你會選哪個？

我猜你一定寧願多捶出幾個洞。二〇一七年，有位來自佛羅里達州的男子真的去親響尾蛇，結果被咬了一口，救護人員趕快用直升機把男子送到醫院。英國國家廣播公司的新聞報導如是說：「萊諾德先生想要蛇吻的原因至今仍然不明。」[2] 我想，蛇吻這件事情沒有什麼價值可言，只有帶來疼痛而已。去親一條有攻擊性且帶有劇毒的蛇，很難有什麼合理的原因。讀到這篇報導時我笑到不行，但對這位送醫的蛇吻男子來說，可就一點都不好笑了。

不過，親一條響尾蛇非常簡單，不過就是身體往前靠然後嘟起嘴巴就好，捶牆還要花很多力氣呢！但我們還是會選擇捶牆，雖然它的可達成率較低，但比起蛇吻好處就多更多了，至少受傷還有得救。換句話說，「行動價值」是另一項影響我們動力的關鍵要素；它取決於我們從那個行為所得到的痛苦或報酬。

可達成率或是行動價值高，就一定能觸發行動，宛如球棒上的「甜蜜點」（sweet spot）一樣，擊球時可發揮最大效力。行為動力的甜蜜點，就在於某種等級的成就，包含特定的期望結果。如果某件事情的可達成率特別高，還帶有一些好處，為了反覆得到成果，我們一定會有十足的動力一再去嘗試。如果某件事情非常有價值，但不容易達成，不過為了得到強烈的感足感、龐大的利益與價值，我們也會有動力去挑戰。

有策略地制定大小目標，就可以找出動力的甜蜜點來觸發行動。這樣一來，要採取行動的時候，就有許多吸引人的選項可供選擇。

擬定聰明的策略，自然而然就會讓你產生動力，你不必硬要憑空找出行為的理由。這就是彈性習慣厲害的地方，時鬆時緊，各種情況都能運用。單一目標只包含一個動力甜蜜點，但透彈性習慣，你可以找出多行為誘因。我們進一步來看看吧！

以三種心態設定動力甜蜜點

有做總比沒做好

雖然小目標能獲得的成果最少，但不管對任何人來說，成功是最基本的渴望，至少它可以產生動力：「我一定做得到。」

採取行動前，我們考慮到的第一件事情通常是：「做得到嗎？能成功嗎？」這聽起來多此一舉，因為追求目標大多只是做與不做的問題。但在這個問題的背後，其實是懷疑自己「是否真能貫徹到底」。不管是要追求長期的目標或是養成習慣，關鍵都在於：「我能要求自己每天都做到嗎？」這個問題比前面一個問題還要難解。

成功的途徑很多，成就也有大有小，全都取決於你的想像力，有些情況你甚至想像不到。這是事實，古往今來許多人都證明了這一點，他們活得精彩、動人又激勵人心。但也有殘酷的一面，如果你花太多心力想像未來，找出無窮無盡的選項，反而會錯失當下能做的事。即時採取行動才能真的帶領你走向更好的生活，實現更美好的未來。正如《哈利波特》作者羅琳說的：「別光顧著作夢而忘了生活。」

無止盡地空想各種未來的可能性，但不顧當下的現實情況，必將走上黑暗崎嶇的人生道路。你會不小心變成完美主義者，甚至讓自己越來越憂鬱。但在目前的社會風氣下，否定現實才是王道，如同人們常說：「發揮心念的力量，你無所不能。」

不過，萬一有人想穿越時空呢？他辛苦研究了三十五年，終於發明時光機！按下開關之後——什麼事也沒發生。這下他可苦悶了，這白白消磨的三十五年光陰要向誰討回來？

有完美主義的人通常很憂鬱，因為他們沒有好好善用當下的環境條件，並逐漸脫離現實。你、我以及古往今來的世人都曾經逃避現實，沒有好好開發生活各方面的潛在優勢。沒錯，我們其實有無限潛力，但因為諸多理由，在現實中卻發揮有限。沒關係，畢竟人生的時間跟資源有限，我們無法面面俱到，但至少可以把開發潛能當作樂趣，不要迷失在其中就好。

可達成率的光譜兩端，起點是「無意識成功」，一路延伸到「無意識失敗」。如果今天你試著拍手一次，你會成功，這非常容易做到。如果你想穿著企鵝裝，游到馬里亞納海溝底部，當然會失敗（愚蠢程度不下蛇吻）。更不要說企鵝裝難找到爆，還別忘了馬里亞納海溝有八萬一千八百三十八公尺那麼深。

目標越來越難達成，可用方法越來越少，近乎天方夜譚，那追求的動力自然會降低了。小目標的動力甜蜜點在於，每個目標都容易達成，每前進一步都有一點甜頭，達到任何進度都算有所收穫。因為有做總比沒有做好太多，搞不好可以觸發一連串的成果，或是讓你想要堅持到底。

實務上，小目標比較禁得起考驗，不管是個人或環境狀況不佳，都還可以持續完成。它就像是張安全網，讓你在低落的日子有個安慰。試驗過的人都知道，每天獲得小小的成功讓人多麼暢快。這些小成就寫在紙上，看起來也許不怎麼顯眼，但只要不斷累積，就能改變大腦、產生動力。最吸引人的是，這些目標百分之百可以達成。所以，只要觀念理解正確，執行方式有效，我們就自然會去採取行動，這就是小目標的動力甜蜜點。

想爬到更高的位置，追求更大更好的目標時，先要問問自己，下一個動力甜蜜點在哪裡？小目標的好處就是有極高的可達成率，而目標提升時，又會帶來哪些不同的益處？目標提升，可達成率就會跟著減低，有沒有另外一種行為動力可以彌補這個缺點？

令人佩服的中等目標

中等目標沒那輕鬆可以達到，但有可見的成果，所以令人佩服，它不僅讓人心滿意足，且充滿意義。當我們想到「這樣的目標值得追求」，就會產生動力。

所以，中目標的動力甜蜜點就是令人佩服。小習慣也有值得尊敬之處，它不但容易堅持，久而久之還能改變大腦，進而提升我們的人生智慧。無論是要養成長期的習慣，或是追求長遠的目標，小習慣都值得追求。不過若只看一天的成果，小目標會讓人覺得微不足道。

每個人的目標都不相同。以我自己為例，每天都做十下伏地挺身，就可以保持每天運動的連續紀錄，有助於培養長期的健康習慣，但沒什麼好跟朋友炫耀的。不過，如果有天我一口氣做了三十下，那一定會覺得小有成就感。這不是什麼高難度的目標，但也不是隨便就能做到。對我來說，做三十下伏地挺身有具體的價值，不僅能維持健康，還能保持身材勻稱。

不像小目標，中型目標有一定的難度，但可達成率還算高，而且多了幾分可敬的感覺。它所帶來的實際成果與價值，能讓我們產生動力和能量。當然，目標一提升，可達成率就降低，但它伴隨而來的成就感可以彌補動力。

振奮人心的卓越目標

每個人都想獲得豐碩的成果，都想要實現夢想。因此，當我們想挑戰遠大目標時，總是會激勵自己：「那個目標非常了不起，為了踏上成功之路，我要奮發向上！」

這時我們的動力甜蜜點就是「卓越」，包括想成為重要的人物或想完成某件大事。經過每天密集訓練，你遲早會變成非常厲害、出類拔萃的大師。試試看，找出一天做高難度的事，讓你更接近自己的夢想。

這個道理不只適用於顯而易見的目標，如練出精壯的肌肉或是精通新語言，還包括成為家事達人、企劃高手、簡報高手、鋼琴師、作家、冥想大師等各領域的專家。

不論在哪種情況下，這種規模的目標最令人企盼，也能帶來最大的成就感，卻難以讓人保持追求的動力。彈性習慣之所以對有些人無效，是因為他們只能接受碩大的成果，不能接受微小或階段性的成果。他們依舊只是遵循傳統的目標追求法，但從沒獲得成果。因此對他們來說，會需要更創新的方法。

彈性習慣是個特別的系統，因為大中小三種目標有各自的動力誘因。如果你今天心情低落，就選擇可達成率高的目標。如果覺得成就感不足，可以嘗試挑戰高階、有價值的目標。如果今天身心平穩，就可採中庸之道，愉快地達成中階目標。

這麼一來你就擁有三種規模的彈性選項：可達成率高、令人敬佩以及實現價值高。還不只如此，因為「錨定」（anchoring）的效應，你的動力會增強不只三倍，下一章再詳細說明。

＊小結

在養成習慣的過程中，動力一直被眾人忽略。那是因為，以前我們只懂得設定死板的目標，它只會產生一種動力。現在我們有三種動力來源：可達成率、令人佩服以及卓越的價值，讓你在任何情境下都能找到相應的動力。

第六章
善用比較所造成的心理動力

「經濟學家指出，在沒有其他選項的情況下，我們無法評斷某一選項的好壞。」

——美國心理學家史瓦茨（Barry Schwartz）

哎，那些花言巧語的商人和銷售員，都是討人厭的傢伙，讓人覺得是來騙錢的。他們有些人很擅長掌握人心，知道如何用話術請君入甕。有項古老的銷售技巧稱為價格錨定，它流傳最廣而且有效，接下來我會示範如何操作：

聽著，這輛二手車我在網路上刊登的定價為八十萬，但我們認識這麼久了，先打個九折友情價七十二萬就賣給你。等等，剛剛電話打來有人明天想看車。這樣好了，如果你今天下訂的話，我乾脆算你六十六萬。這個價格很佛心吧！我可是把你當麻吉才降這麼多。

其實，這輛車我當初買七十萬，開了幾年後，連六十萬的價值都沒有。我所謂的佛心價，只是因為一開始我宣稱定價是八十萬。這就是所謂價格的錨定效應，先標上很高的價錢，再慢慢找藉口打折，其實心裡早就有成交的底線。

銷售員總是先哄抬商品的價格，然後拋出誘人的賣點或是正面的評價。你也許覺得對方在敲竹槓，但只要讓你對這項商品有個印象價格，那個銷售員就成功了。透過各種不同的話術和理由，他會慢慢給你優惠，讓你覺得實惠又划算。關鍵點在於，這種搶便宜的感覺是比較出來的。

人總是忍不住要比來比去，價錢、身分、ＩＧ粉絲數或是臉書的按讚數，樣樣都能比。透過錨定效應，商人利用人類喜歡比較的天性，以最為誘人的方式引導出商品的實際價格。促銷、降價、折扣、優惠券、清倉特賣以及限時搶購等活動永遠都不會消失。只要有買賣，就會有人繼續使用價格錨定法。如果你有在做生意，一定得精通此道。

最近我看到的最佳範例，是我自己的親身經歷。我本來沒有打算花兩萬塊買濾水器，但是我終究被說服了。

當時我正在煩惱，想知道水中哪些污染物質會危害我的健康。在百家爭鳴的濾水器市場中，這家公司大聲疾呼：「××牌濾水器為整座城市帶來絕佳的飲用水品質。」在那個當下，價格幾乎變得無關緊要，市面上的濾水器很多，但這家公司有特別研究自來水的成分，為你量身打造健康的濾水器，我當然想都不想就上網買了一臺。

我水喝得很多，卻不知道當地的自來水中有哪些恐怖的物質。在錨定效應的作用下，我認為其他家的濾水器都很普通，只有這家是針對像我這樣注重飲用水的人所設計。老實說，我不清楚這臺濾水器到底有多特別，但其公司的銷售技巧很厲害，業績扶搖直上。

錨定你的目標

有些讀者跟我反映過，他們一開始也很排斥小習慣策略，我也有過這種心情。當時我說服自己的方式為：「才一下伏地挺身而已，做就對了！」但其實應該仔細探究，為什麼連這麼簡單的目標，我們都會產生抗拒的念頭，背後有怎樣的心理機制？

小習慣的優點是可達成率，也就是容易執行。問題是，小習慣無法產生描定效果，傳統的硬性目標有同樣的缺點，如同史瓦茨博士所說的：「在沒有其他選項的情況下，我們無法評斷某一選項的好壞。」

你可以使用一種簡單的錨定法，拿小習慣跟過去曾經設下的目標相比，也可以跟假想的對象相比。不過，人們習慣觀察現在的價格，而不是過去的價格。就像有人跟你說一卷音樂卡帶以前值三百元，可是現在只值五十元，而他便宜賣你三十五元就好。這時你錨定的價格不是三百，而是現在觀察到的價值，也就是五十元。

因此，若你把小習慣當成主要策略，就只會觀察到當下的目標，沒有其他選項可以錨定。如果你的目標簡單到爆，那你就會覺得很不值得，因為只要多付出一點勞力，就能帶來更棒的成果。因此，許多讀者才會抗拒那些一分鐘或更快可以完成的事情。

人們都習慣設下長遠的目標，所以會把小習慣當成臨時起意的想法，只是一種生活創意或練習，姑且一試也好。這樣就無法看出小習慣策略的截然不同之處，如同還沒走進商店逛個仔細就決定不買東西。有的人甚至放棄成長，再也不想追求任何目標或養成習慣。他們之前的學習經驗令人失望又沮喪。現在你有更好的新策略，但如果你沒有將目標錨定在某個比較標準，就還是只會看到缺點。

設定大中小三種目標，就可以相互參照

當我們列出各種彈性習慣選項時，就能看出錨定效應的作用。做生意的人都是先以高價作為錨定的中心，讓低價看起來看格外誘人。不過依據彈性習慣特色在於「雙向錨定」，選了高階目標時，可以去比較低階目標；反之亦然。有三種大小目標可作為錨定中心。

首先，我們用錨定效應來讓小習慣更吸引人。我之前說過，小習慣的問題在於「難度不容易判定」，因為沒有參照點，會讓人以為這些小動作很困難。舉例來說，我們原本設下的目標是「每天撿起一片花圃上的葉子」，但反覆執行之後覺得沒有成就感，就會開始把它當成煩人的例行公事。如此一來，我們就會感到無聊、有壓力，越來越不想走到陽臺去。

執行小目標時，你可以對比中型和大型目標，這樣你就知道三個選項的難度，並發現小目標是多麼容易達成。這樣你就不會把小習慣看成「例行公事」。了解它

的優點後，你就知道它是一張令人放心的安全網，確保你不會遺漏任何一天的練習。小習慣對你的吸引力馬上增加，因為從現在開始，你是有意識地選擇目標，而不是完成「今天該做的功課」。

現在來看另一個方向的錨定效應。你選擇了遠大目標後，就能比較中型和小型目標，便會知道之後的成果有多麼豐碩、多麼激勵人心。依照傳統的單一目標工作法，不論目標多大多小，都只是在做「應該完成的事項」。若你念茲在茲的目標只有一個，就會覺得它是規定。但現在，就算你選擇最高等級的目標，也知道你是為了豐碩的成果，而選擇越級打怪。這種自由的感覺很獨特，能帶來前所未有的暢快感，因為你有三個彈性選項，還有多種錨定參考點。

說到這裡，你就知道雙向定錨有多棒，可以幫助你堅持下去，還可以推動你往高處邁進。不論在哪天，你都可以選擇不同等級的目標：小型目標簡單、容易上手，大型目標宏大、能帶來充實的滿足感，還有中型目標可以作為折衷方案。選項光譜的每一端都有吸引力，追求目標因此變得有趣又有新鮮感。

用聰明的方式追求目標，就會產生滿滿的活力

追求目標或是培養習慣，就像挑戰新目標一樣，兼具探索的趣味，所以應該要給人帶來興奮的心情。這種充滿希望的感覺，會給人帶來滿滿的活力和能量，整個人徹頭徹尾都變了，宛如被施了魔法一樣。

因此，追求目標時，不應該有綁手綁腳的感覺。漫無邊際的追求，只會徒增壓力，讓人喘不過氣來，最終失去生活的樂趣。

如果你完全提不起勁實現目標，那就代表著：

❖ 你沒有給自己足夠的自由。
❖ 你只在意成果。
❖ 你沒有調整自己的身心狀態。

如果追求目標時充滿活力，那就表示：

❖ 你給自己足夠的自由，不時給自己安慰和能量，讓挑戰充滿趣味。
❖ 你期待成果，也享受過程。
❖ 你不但可以看到當前的成果，也能預見未來的收穫。

心情就是設定今日目標的最佳指引

有人會質疑，彈性目標其實缺點很多：如果為了確保執行率，你選擇微小的目標，就會覺得沒有激勵自己去發揮全力；但過於遠大的目標，又會讓人精疲力盡，不僅難以堅持，也無法養成長期的好習慣。就算有折衷的中間選項，但它不上不下，既沒有大目標那種讓人躍躍欲試的感覺，也沒有小目標帶來的那種肯定感。

不過，多個選項的好處在於，我們心情低落的時候，就可以派上用場，就不會覺得這一天一事無成。這樣就能保留動力，繼續挑戰更大的目標。既然疲憊不已、累到像條狗，就好好休息，追求簡單一點的小成就。覺得自己不上不下嗎？那就多敦促自己一點，但別太用力，這時非常適合追求中型目標。

情緒是非常棒的指標，要好好善加利用！透過它的指引，每天你都能找到最適合的目標。保持彈性，就不需要再違背自己的意願，不需逼迫自己，也不用掙扎，就能把事情做好。這個改變一定會讓你覺得耳目一新，每天都想嘗試新目標。這種方法無可取代！

做得太多或是太少，都會讓人灰心喪志，只要保持彈性習慣的策略，就可以找出當天最適合達成的目標。它能配合我情緒的起伏，不論我做出什麼選擇，都能讓我的努力有所收穫。實驗沒多久之後，我就開始愛上這個方法了！

開始使用彈性策略之後，加上之前的小習慣方法，我的工作成果就更為豐碩。建立彈性習慣後，就像是擁有超能力，不需要花費多大的力氣就能讓自己不斷成長。想要成功，祕訣不是每天早上六點觀看我替你準備的勵志影片，關鍵就是你自己。不論你想用哪種方式達到目標，這個策略都能配合你，讓你事半功倍。下一章我們會講解，彈性習慣可以無限開展，讓你隨心所欲選擇想要的方向。

三種層次的目標：迷你、進階以及菁英

透過彈性習慣，每個人就能找出自己的方法爬上巔峰。畢竟，每個人都是獨特的個體，有各自的動力來源、習慣還有人生經驗。以下列出幾個步驟，幫助你運用

彈性習慣邁向成功。

接下來我會提出獨創的彈性習慣專有名詞，代表三種層次的成功，也就是用迷你級、進階級還有菁英級分別稱呼小型、中型還有大型目標。迷你級本質上與小習慣相同，些微差別在於水平彈性比較多。進階級的門檻高了一點，但不是每天都要完成的基本目標。菁英級（大型）的概念則是，如果持續進行這個等級的活動，最後會成為那個領域的佼佼者。

彈性習慣的運用方法無窮無盡，以下會介紹一些適用的情境，藉以了解全部的面貌。你可以先了解彈性習慣策略的運作方式（完整的應用指南會在本書後面進一步說明）。

動力像滾雪球一樣可以越滾越大

舉個例子。老金想要培養三種習慣，他想要多運動、多喝水，還有多閱讀。為了培養運動習慣，他有三種活動：走操場、做伏地挺身或是跳舞。這三個選項就是水平彈性，只要擇一就好。這些有助於養成運動習慣，都能達到目標。他選擇了一項活動之後，就可以發揮垂直彈性，自由選擇大小目標（迷你、進階或菁英）。

先來看運動的例子，從表格裡，我們看到九種不同的達標條件。看起來好像很複雜！但實際上只有三個動作選項，只是多了垂直的面向。老金先選定運動項目，比如今天想走路，接著再依照自己想要的成果或其他生活要素來決定強度。他也可以先選擇難度，再來選擇運動項目。不論用哪種方式執行都可以，而且執行起來簡單又有趣。

為了養成運動習慣，老金每天要選擇一種活動，再從中選擇難度，只要完成就算達標。

運動			
迷你	操場走一圈	兩下伏地挺身	跳舞五分鐘
進階	操場走五圈	二十下伏地挺身	跳舞十五分鐘
菁英	操場走二十圈	五十下伏地挺身	跳舞三十分鐘

看看這個表格，你不覺得比單一固定的目標來得有趣嗎？當中有簡單速成的選項，一定能取得成果，但也有機會讓你挑戰更有難度的目標。

有些習慣不需要延伸水平彈性，就像喝水只有一種方式（用鼻子喝的話還蠻好笑的），拉出三個垂直面向就好。閱讀也是同樣的道理。

喝水		閱讀	
迷你	每次喝五十CC	迷你	兩頁
進階	每次喝二五〇CC	進階	十五頁
菁英	每次喝五〇〇CC	菁英	四十頁

彈性習慣是一個新概念，所以要先知道具體的執行方式。老金培養習慣的方式就像滾雪球一樣，一開始起步緩慢，隨著時間累積下來，分量就會越來越足。

老金的成果

老金培養這三個習慣時，一開始先從最不起眼的迷你級開始挑戰，持續了兩週。過程中有段時間他覺得很難熬，好像在谷底走不出來，所以初期他只能維持微小的成果。

兩週之後，他看著自己的習慣追蹤表，感到心滿意足。他連續不間斷地達成目標，自信心都提升上來了。

其實老金每天做的並不多，但他都有做一點，甚至還覺得健康有一點點的改善。我的經驗也是如此，從每天一下伏地挺身到後來每天二十下，體力真的進步很多。當你在低潮時，放慢腳步，緩步前進也會讓你覺得很有意義。

到了第十七天，老金讀到《彈性習慣》一書，一口氣就讀了四十三頁，馬上達到菁英級的成果！他感覺非常良好，馬上就喝了二百五十ＣＣ的開水，再為自己贏得一個進階級的成果。

接下來的兩週，老金取得許多進階級還有菁英級的成果。他的信心慢慢增長，相信自己在這些領域會有所成長。他覺得自己有很多好習慣，對自己的觀感也變好了。他一開始的動力雪球很小，但一開始滾動後，就會越滾越大。老金第二個月延續這股動力，取得了大量進階與菁英級的成果，而且他已經不是過去頹廢的老金了，現在已經脫胎換骨了。

設定難度時可發揮創意

在我的建議下，史黛西的彈性習慣有三個，分別是寫日誌、練小提琴還有拓展事業。難易度是根據她個人的狀況而設定的。

寫日誌		
迷你	寫一句話	
進階	寫一段落	寫一句話，並回顧過去一個禮拜寫下的內容
菁英	寫滿一頁	寫一段落，並回顧過去一個月寫下的內容

你可以發揮創意來設定每一種難度的達標條件。史黛西的達標條件包括寫作還有回顧先前的內容，以此激勵自己持續下去。她希望每天都能在日誌上寫點東西，所以迷你級的選項是寫一句話。

有一些水平選項沒有迷你級的狀況。舉例來說，為了培養運動習慣，我的水平選項之一就是去健身房，但這個選項本來就是個菁英級的難度。我每次都會在健身房運動至少三十分鐘，所以沒有迷你級或是進階級的達標條件。如果你在健身房運動的時間很彈性，就考慮把「走進」健身房當作進階級的成果，然後運動某段時間或達到某個強度算在菁英級。

練小提琴			
迷你	練一分鐘	讀樂理一分鐘	練一首曲子
進階	練十分鐘	讀十分鐘樂理	練三首曲子
菁英	練三十分鐘	讀三十分鐘樂理	練六首曲子

拓展事業			
迷你	致電給一名潛在客戶	寄電子郵件給一個人	寫下兩個推銷的創意點子
進階	致電給四名潛在客戶	寄電子郵件給三個人	寫下六個推銷的創意點子
菁英	致電給十名潛在客戶	寄電子郵件給七個人	寫下十二個推銷的創意點子

史黛西的成果

一開始，史黛西就設下多種達標的方式。看著自己的成果追蹤表，史黛西從第一天開始就取得三種大小不一的成果。總結她的成果看來，當中沒有出現固定的規律。由此可知，她是根據生活中內外在狀況的變化，在每個習慣的迷你、進階還有菁英級選項中浮動，但她總是盡全力去執行，這樣就夠了！

史黛西持續了三個月，並取得豐碩的成果。每個月結束後，史黛西會有計畫地提高達標條件。她認為，在寫日誌這個項目中，進階級目標太過容易，寫一個段落不夠，於是決定在第二個月加碼成兩段。她可以這麼做，因為這是為她個人量身打造的計畫，而不是一板一眼的標準方案，要她在某段時期戒掉壞習慣。在後面的章節中，我們再深入探討史黛西提高達標條件背後的考量。

艾德蕾的案例

艾德蕾就像蓄勢待發的賽馬一樣，等不及實驗她的彈性習慣計畫。她買了《彈性習慣》系列的平裝本、電子書以及有聲書，還跟我預定《彈性習慣》的續集。非常感謝她的支持。她想養成的習慣是感恩、寫作還有冥想。

感恩			
迷你	用一分鐘寫下感恩的事情	深刻地喚起一個感恩的念頭	對某人不經意地表達感謝
進階	用三分鐘寫下感恩的事情	深刻地喚起三個感恩的念頭	對兩個人表達感謝，當面致電或寫電子郵件都可
菁英	用十分鐘寫下感恩的事情	花十五分鐘沉浸在感恩的念頭中	為某人購買或是親手製作貼心的禮物

寫作		
迷你	寫五十個字	花五分鐘編修
進階	寫五百個字	花半小時編修
菁英	寫一千五百個字	花兩小時編修

正念冥想		
迷你	冥想一分鐘	做瑜珈並專注呼吸一分鐘
進階	冥想十分鐘	做瑜珈十分鐘
菁英	冥想三十分鐘	做瑜珈三十分鐘

適時喘口氣才能保留再次衝刺的力氣

艾德蕾火力全開，剛開始的十天至少取得三種習慣的進階級或是菁英級成果！她有超群的幹勁，不過她的動力還有氣力在投入幾週之後開始減弱，而且覺得有達標的壓力。因此，在第十一天的時候，她退後一步並且取得三個迷你級的成果。一開始她還蠻失望的，但後來覺得鬆一口氣，又再次躍躍欲試。她才了解，應該在需要的時候喘口氣，而且迷你級的成果非常容易達成，讓她不會失去奮戰不懈的精神。

第十二天的時候，她在兩個習慣中取得迷你級的成果。這讓她有些懊惱，因為她知道自己可以做得更好。接連幾天她又取得進階級還有菁英級的成果。後來，她又把轉速調慢，只專注在迷你級還有進階級的成果。她的運作模式很像間歇衝刺一樣，有時候會衝過頭，但絕不會用盡氣力，因為她保有彈性，可以隨時選擇放慢速度喘口氣。

每個人利用彈性習慣成功的方式都是獨一無二的，任何強度的行為動力都有助於達成目標。以我個人的經驗來說，有時候需要迷你級的成果，但如果好幾天都沒進步，就會覺得不開心，我會適時打起精神，設法完成一個菁英級的成果。有時我甚至能達成兩個菁英級目標。我去健身房訓練後，又快走了一萬五千步。還有一次，我寫了超過三千個字，比我設定的菁英級成果還多一倍。

在同一時間內，我在每個習慣所取得的成果也不盡相同。第一個月，我在閱讀習慣拿不到一個菁英級的成果，不過這個成績對我不是很重要。只要能寫作十小時或是泡在健身房加強肌力，沒有大量閱讀也沒關係。閱讀一直是我很想培養的習慣，但很難有動力去做，但幸好有彈性習慣策略，我每天多少可讀點東西，不會覺得自己一事無成。

＊小結

透過錨定效應，你可以看見大中小三種成果的真正價值。善用彈性習慣，邁向專屬於你的成功道路。這不是非完成不可的魔鬼命令，而是有趣且有彈性的遊戲，可以根據你的生活進行調整。

第 4 篇

策略用得巧，結果自然好

第七章
擬定有效的目標策略

「沒有完備的策略，再美的願景都是泡影。」

——美國企業管理專家保爾曼（Lee Bolman）

講了這麼多，我們該來討論如何規劃目標系統。前面已經深入剖析彈性習慣的靈活與奇妙之處，但是如果沒有搭配有策略的方法，就無法獲得完整的成果。因此，我們的下一步就是創造一個系統，將習慣養成計劃融入生活，以不斷累積實作經驗。我非常熱衷於設計目標系統，《驚人習慣力》會成為暢銷書，就是因為小習慣的系統方法與策略非常有效。否則，「階段性的小目標有助於進步」，這個道理大家都知道，我也不必花這麼多心力寫成書。

我們會概要地說明彈性習慣的策略系統，包括它的特色、效用和優點，還有它能產生哪些可預期的成果。根據這些骨幹架構，你就能設計專屬戰術，將彈性原則發揮到極致。

每兩個星期就統計一次成果

追蹤習慣是很重要的一環，不但是義務，也可以從中獲得成就感。只要你能每日不間斷地達標，就會更有決心與動力堅持下去。

我會教你如何使用常見的月曆來追蹤你的彈性習慣，我也設計了一款特製的追蹤月曆（可在minihabits.com網站上買到），讓你愛上分析每日進展。這個月曆比其他的追蹤表格好用，因為把每個月分成上下十五天（二月以及有三十一天的月份會另外示範）。根據我親身測試的成果，發現一個禮拜太短，而一個月又太長，一年更是讓人喘不過氣來，兩週是最適當的檢核點。

十五天之後，你就能統計成績，清楚地從數字看到成果，並且跟其他十五天的成績比較，來看自己的進步程度如何。到了月底的時候，你就能得出該月的總分。我們的達標等級與計分方式很多，都是為了讓你有動力去追求更大的成果。只要堅持下去，就會有許多意想不到的收穫。我們會在後面更深入說明各種追蹤表，很有趣的！

花不到你兩分鐘的待辦事項，就馬上去執行

現在有許多很厲害的學習系統，像是工作效率大師艾倫（David Allen）在《搞定！》一書中所提出的架構。這本書不論在方法設計或理論基礎都非常突出，但致命的缺陷在於，對有些人來說，要步步為營才能跟上這套方法。我試過兩次，每次我都受不了，當中有太多複雜的元素，還要每日觀察活動細節。不過，這本書有些觀念我很愛，像是有名的兩分鐘規則：一件事花的時間少於兩分鐘，那就做吧別想太多。

減少操作的時間，簡化必要的流程，有助於我們維持習慣養成的計畫。只要能快速又簡單地建立目標系統，你就可以迅速落實彈性習慣，當中不但充滿樂趣，還會讓你收穫滿載。如果你花太多時間規劃系統，就會搞到自己煩悶又無聊。

每天花不到二十秒的時間，就可以維持彈性系統的運作。依照我們的標準，連續十五天就能看出成果，也就是說，全部加起來你只花五分鐘的時間。這個系統就

是這麼容易上手，不但讓你一輩子都受用，而且還收穫滿滿。

目標系統一定要融入生活

設計靈活的目標系統時，一定要考慮到各種情況，才能因地制宜找出方法。現代人既忙碌又壓力繁重，不可能去執行空想又完美的計畫，而彈性習慣最符合現實需求。不管是放長假，或是工作忙到沒有餘裕，你都還是有辦法達成目標。這個系統的核心精神就是彈性，比其他制式的目標更加貼近生活！

一般人在培養習慣時，通常沒有鎖定具體的目標跟企圖，也沒有結合現實的感官經驗。彈性習慣的特色就在於，它能隨時融入現實的環境。透過我所設計的追蹤表格，你可以寫下每日目標與習慣，貼在顯眼的地方，隨時追蹤。這個表格還有互動功能，讓你靈活調整目標以及習慣。我在附錄的章節會做更詳細的說明。

拖延Out！

不管是求目標或是養成習慣，一定會遇到很多問題，而大多都是出於個人的心理因素。有的人不斷找藉口拖延，希望做得完美，但結果一事無成。有些人一再投入不切實際的目標，好幾個月都達不到成果，於是半途而廢。傳統的目標策略只會讓我們離夢想越來越遠，最後失去追求的動力。許多專家學者都提出了獨創的系統，試圖引導讀者克服種種問題。這些方法都很管用，但是我的方法更好！

運用我精心設計的彈性習慣系統，就能毫不費力地解決行動力不足的問題。對於拖延大師來說，最適合運用迷你級的選項，因為目標簡單到沒有不去做的理由。而對於完美主義者來說，每天把習慣追蹤表填好填滿，則會感到心滿意足。

此外，找出動力甜蜜點，你就會有無窮無盡的行動理由。彈性習慣策略永不過時，它能配合你的狀況，讓你保持興致盎然。

一套優秀的目標系統，能幫助你在遇到問題時馬上找到解方。不過更厲害的系統則是讓問題連出現的機會都沒有。你不需要每天監控自己的活動細節，追求那些呆板、無聊又生硬的目標，那只會讓你內心的抗拒感越來越大。只要按照彈性習慣系統所設定的步驟，那些常見的藉口與阻礙通通都會消失。

掌握水平彈性原則，同一個習慣就有多種方式來培養

我先前提出的小習慣策略增加水平彈性元素後，我稱之為混合型小習慣。彈性

習慣的範圍更廣，依照個人意願與實用性，每個習慣都可以推演出數個水平選項。舉例來說：

練吉他：讀樂理、練和弦、彈曲子。

運動：重量訓練、高強度間歇運動、瑜珈、球類運動、活動筋骨的休息日（散步或泡湯）。

寫作：寫文案、編修文章、收集資料、宣傳自己作品。

做家事：整理一個角落、吸地、拖地，把不要的東西丟掉（斷捨離）、把地上的東西收好。

除了以上列舉的項目之外，也可以用時間長度來區分習慣的難度，如打掃一分鐘或五分鐘。接下來我們以學吉他為例，來說明彈性習慣的優點。運用它，你每天都能進步；但有些方法會讓你進退不得，只好半途而廢。

一開始學吉他的時候，壓弦會讓你細嫩的手指受傷甚至流血。你需要一些時間讓手指的皮膚長繭，於是不得不稍作休息。但依照水平彈性的原則，那幾天你可以研讀樂理，等待手指傷口復原。

運動項目成千上百種，想要養成習慣，最難之處在於，每天執行相同重覆的動作，會造成肌肉疲勞。尤其是做高強度間歇運動或重量訓練，更需要幾天的復原時間，即便是巨石強森每週也都有休息日。

現在，你可以利用水平彈性安排各種體育活動，每天都可以擇一完成。遇到休息日，你可以去散散步或是泡湯放鬆來達成目標。不論你有什麼狀況，哪怕是身體有傷，總是能夠運用彈性找到運動項目。不只如此，接下來你了解垂直原則後，就會明白，就算在休息日，還是能達到菁英級的成果。因此，當原本的計畫突然被打斷時，你不需要覺得愧疚，也不必責備自己準備不足，只要靈活運用水平彈性，不論何時，你都可以調整目標，保持你的連勝紀錄。

這個目標系統真的很棒。我住在美國奧蘭多市，附近有個大型主題公園。我的三個彈性習慣是閱讀、寫作還有運動，我大多在家裡或健身房練習它們。就算一整天待在公園，我也能完成這三個領域的活動。

以運動來說，走路也算是完成目標的方法。走路是很棒、很基本的運動，還有許多附帶的好處，甚至足以當成我唯一的運動項目。我以步數設下三個達標等級：

迷你級五千步、進階級一萬步，菁英級則為一萬五千步。待在公園要走很多路，一整天下來成績斐然。我使用Google Fit，這是安卓系統智慧型手機的計步App，蘋果iPhone則可以透過「健康」App來記錄。運動App非常多，有各自的標示、圖案和功能。

我用手機也能寫作，只要有Google Keep這個筆記App，在任何地方都我能完成當天的寫作目標，之後再將內容傳送到我的電腦中。

至於閱讀目標，也同樣用手機就能完成。等車的時候，最適合閱讀一些短文！不管要培養什麼習慣，我都不會覺得困難重重，反而覺得活力十足、不受拘束。不過，有些習慣還是只能在家中培養，而有些目標微調後就能不受場地限制。希望你能夠體會這個策略的精神，在你感興趣的領域中，找到更多方法來取得成果。

透過彈性策略，你的視野會更開闊，在各種不同的時空環境中，都能看見新的機會。即使條件並不是非常理想，你還是可以找到替代方式達成每日目標。若情況非常糟，比如剛動完手術，任何運動都不適宜，那我就會暫時去追求其他目標。要善用彈性策略的精神，跟自己討價還價。用一般的習慣觀念去看，在這段養病的期間裡，你的確是荒廢運動了。但如果你老是用這種全有或全無的角度來看人生，那就太死板了，也難怪你動不動就覺得自己是魯蛇。不如改變策略、調整方向，每天從眾多項目中找尋目標、各個擊破，就能帶來成就感！

有垂直彈性就能適時調整目標難度

垂直彈性跟水平彈性一樣重要。彈性習慣可調整的範圍很廣，從高難度、中階目標到簡易的入門目標都可以。

我們在第六章說明過，透過垂直彈性就可以創造出有利的錨定參考點。它讓小型目標看起來更小、更容易，而大型目標看起來更大、更有成就感。我稱之為雙向錨定，因為你可以把大型目標當作參考點，讓小的目標看起來容易許多，也可以將小目標當作參考點，讓大的目標看起來更加有挑戰性。

重要的是，我們特別要清楚定義垂直彈性。舉例來說，「跑步」這個項目有無限的垂直彈性，涵蓋各種距離與強度，但要穿上慢跑鞋出門，你還是得找到目標。與其說「我要去跑個五百公尺」，還不如採用更好的表達方式，「我會看今天的狀況，再選擇要跑五百公尺、兩千公尺或是五千公尺」。

增加垂直彈性，就像是在食之無味的料裡中加入新鮮的芳草以及香料調味，讓你的體驗歷久彌新，處處充滿驚喜！

不論是要維持現況或是突破極限，只要有垂直彈性，都可以達成目標。只要符合現實的情況，隨時優先選擇最適合的行動。

目標不是一塊死板

用傳統的方法來設定目標後，就不會再更動，也不會進一步設定其他目標，一切凍結在那個當下。基本上那就是個僵化的目標，追求過程很無聊，下定決定行動後沒多久，就會讓人覺得是件苦差事。

比方說，你決定每天彈鋼琴一小時，無論如何都希望能堅持下去。但就算你意志力堅定，也沒辦法天天都達標，而彈性習慣比這種模式有趣多了！

善用彈性策略，你會驚訝地發現，原來有時能在一天達成兩個以上的菁英目標，甚至隔天再次挑戰也能成功。

這些豐碩的成果，完全都歸功於你自己的努力，因此有助於提升自信心；持續達標的話，也會越來越有成就感。

時間久了，就可以改變策略、調整難度，比如提高或降低標準，或是換個領域、更換水平選項，讓你永遠都有新目標。舉例來說，你的主要運動是瑜珈，有時可以換成拳擊有氧。有了彈性習慣，就可以不中斷地自然轉換目標。

在追求目標的過程中，內在獎勵會伴隨而來

在培養習慣的過程中，一般都需要設定外部的獎勵機制。但只要系統設計良好，當事人就不大需要外部獎勵來強化意志力，因為他在追求過程中就可以得到內在的獎勵。舉例來說，只要每天都有一點成果，成績沒有掛蛋，都值得鼓勵。而成果超出原本設定的目標，會令人精神為之一振。

此外，明顯看到自己實際上的變化，也令人雀躍不已。只要連續好幾天、好幾週甚至好幾個月達成目標，就會對自己的能力越來有信心。每個目標有其獨特的內在獎勵：運動會產生腦內啡、閱讀能增長知識、而冥想能安定內心。

不論外在獎勵的價值有多高，都比不上達到預期中的目標以及養成改變一生的習慣。活化大腦、行動更有效力，是世界上最美妙的感覺之一。不過在你實際達成這些目標前，心裡會還是會有疑惑，覺得不太踏實。因此，我設計一些方法步驟來改善情況。我們不是紙上談兵，而是具體執行彈性習慣。只要具體記下每個階段的

成就，你會明顯感受到自己的成長（我在附錄會教大家怎麼做）。我們現在來看看策略還有戰術吧！

就算你套用別人的戰術，也無法複製他人的成功經驗

接下我會引述《孫子兵法》的段落，來強調策略的重要性，只有它才能有效驅使我們行動。

> 眾人知道我克敵制勝的戰術，卻不知我如何運用策略。戰術不要重覆，而是應該依照當下的形勢來決定。[1]

孫子這句話說得斬釘截鐵，我這本書的精華都濃縮於其中。彈性習慣是一種策略和心法。你的戰術每天都應該有變化，實際執行的項目以及難度也都不同。這一點非常重要，得特別提出來說明，因為許多人壓根只在乎戰術跟招式。

你可以觀察別人的成功之道，但切記，套用他人的戰術，不代表可以複製他們的成果。正如孫子所言，要明白戰術背後的策略更困難。下面這個著名的例子，可

以說明戰術的局限性。

出「棋」制勝

在二十世紀著名的「世紀棋局」中，十三歲的西洋棋神童費雪（Bobby Fischer）對上二十六歲的拜恩（Robert Byrne）。在這場經典的棋局中，拜恩的主教進攻費雪的皇后。皇后是西洋棋中最強、第二個珍貴的棋子。大部分的棋手一定會去保護自己的皇后，但費雪卻是去移動主教。拜恩的下一步在眾人的預料中，他吃掉費雪的皇后。觀眾還有專業評論員都認為費雪大勢已去。奇怪的是，費雪怎麼會犯下如此簡單的戰術失誤。

拜恩吃掉費雪的皇后之後，他的國王就被對方的騎士還有主教大舉包圍。費雪不斷將軍，讓拜恩動彈不得，並拿下他幾個關鍵的棋子。就跟我之前只練習一下伏地挺身一樣，眾人一開始也認為費雪是不是腦袋有問題，只有傻瓜才會放棄皇后。在這場世紀之戰中，費雪的高明之處在於，他擬定的策略更為深遠，已預測到對方往後的步驟。費雪整個棋手生涯都是這麼有遠見。

費雪犧牲一個皇后換來對方許多棋子，雖然它們都是次要的，但全部加起來卻讓拜恩兵敗如山倒。費雪輕鬆地贏得這場棋局，這個交易非常划算。

請注意，費雪關鍵的那一步——犧牲皇后——只適用於那場比賽。戰術的運用取決於情境，只會模仿的人很難取得成果，因為條件環境也不同。想要有效取得結果、獲得勝利，你必須擬定策略以安排戰術。只有精心研擬策略，才能推出聰明的戰術，光是抄襲或空想是沒有用的。如果你真的想效仿某人，要看的不光是對方的戰術或行為，還有他的策略，並研究當時的情境，才能知道他的決策過程。

有目標、沒策略，終究一場空

大多數人都會訂下生活目標，想要變得健康、養花蒔草、精進琴藝、多讀點書等等，但只知道使用單一的戰術，而沒有進一步思考策略。

「瘦十公斤」不是策略，只是比「減肥」稍微明確的目標，但還是很籠統。他們的具體步驟只有「做點能瘦下來的事情」。這根本毫無章法，沒有執行項目，也沒有方法。有突發狀況怎麼辦？開戰時，指揮官不能只說一句「大家要奮戰到底！」，就叫士兵上戰場去；這絕對沒有寫在《孫子兵法》中。

要擬定有效的策略，我們得分析當前環境的優缺點，評估潛在的困難還有機會。這麼一來，才能制定最有效的計畫，那怕是突發狀況都要有備案。好的策略讓你如虎添翼，事半功倍。而現代人流行用三十天挑戰一個目標，談不上是完備的策略，頂多比「奮戰到底」好一點而已。

當前大部分的策略都很不理想，只有在個人狀況最好的時候才能奏效。那麼究竟要如何設定目標、取得可觀的成果以及培養習慣？要如何擬定策略？這時就該請教史上最偉大的兵法家孫子，從經典中找到智慧。

孫子的致勝五要

你應該已經發現，孫子是我最喜歡的歷史人物。《孫子兵法》是談策略的大成之作，適用範用不只是戰場。不過，用戰爭來比喻生活中的各個層面是非常貼切的。為了完成目標，我們對抗自己的惡習、克服艱困的環境，在有限的時間、精力還有資源下長期作戰。為了追求理想的生活，每天都是一場戰役，力抗內在與外在的敵人，清除成功道路上的阻礙。

在個人成長的領域裡，我們能找到許多跟戰爭有關的引喻。因此，在孫子這樣的軍事大師身上，我們能學到許多有價值的觀念。在《孫子兵法》中，孫子提到了致勝五要，我把它們轉化成生活的戰鬥要領。為了創造美好的生活、養成良好的習慣，我們每天都在掙扎搏鬥。以彈性為核心原則，擬定的戰術就會與眾不同。數千年來，這些基礎概念一再被領導人與軍事將領所沿用，因此才能用來擬定精準的目標策略。

孫子說，獲得勝利有五大關鍵：

- ❖ 知道何時該進攻、何時該按兵不動。
- ❖ 掌握敵我兵力多寡並採取對策。
- ❖ 全體官兵上下同心。
- ❖ 做好充分準備，必要時攻其不備。
- ❖ 主帥精於隨機應變，君主不擅加干預。[2]

以下，我們將逐一探討這五個關鍵。

關鍵一：知道何時該進攻、何時該按兵不動

戰爭的時候，時間點很重要，進攻時能否取得戰功，關鍵就在於你的形勢是否佔上風。如果你只知道要設定單一、沒有彈性的目標，就無法學會判讀時間點。為了達成不可動搖的目標，你每天都得用同樣的方式戰鬥。一旦你的狀況不好，馬上就會輸掉這場戰役，並且因為學不到教訓，因而節節敗退。甚至在狀況好的那幾天，你也不知道該全力迎戰。你的戰略才能完全派不上用場，因為你採用了單一的戰術與目標，不太需要沙盤推演。

不過，只要懂得運用彈性原則，你的頭腦就會更加靈活，也更能體會孫子的智慧。如果時間點不對，不適合奮力一搏，達成迷你級的目標就好。這樣的戰術轉換，才能維持長年的戰鬥狀態。稍作休息後，再準備下次的攻擊行動。

當行動時機到來的時候，你就有明確的步驟以及動力，能夠大贏一場。這樣的戰術調配，有助於你追求更大的目標。做好抗戰的準備，才能取得戰果以及成就感。更具體來說，關鍵就在於你是否做足準備。只要時機到了，你每次都能取得菁英級的成果。為什麼？因為成功的訣竅已經掌握在你手裡，你可以隨心所欲投入心力。

關鍵二：掌握敵我兵力多寡並採取對策

孫子解釋道，你得判定我軍跟敵軍的實力差距，不管你處於優勢或劣勢，都必須知道如何因應。要處理這兩種情況，你需要截然不同的策略與戰術。注疏《孫子兵法》的張預說：「在戰場上，有時少數擊敗多數，有時多數擊敗少數。關鍵就在於要審慎評估情勢，不錯失最佳時機。軍事家吳起便說：『我眾敵寡時，選擇地勢開闊之地；敵眾我寡時，則選擇地勢險要之地。』」[3]因此在戰場上，我們必須判斷敵我軍力孰強孰弱，再選擇合適的戰場。

這個道理非常適合用來類比水平彈性原則。所以在我的健身選項中，不只有激烈運動，也有像散步這一類的緩和運動（或稱為「動態休息法」）。

不管是在健身房或是在家中，我都可以做運動。有力氣的話，我就去健身房努力訓練，隔天需要休息，我就會運用「動態休息法」，在當地河濱公園走走逛逛。依照當下的狀況，你可以適時改變活動項目、地點還有強度。依照當天的體力，挑出適合的挑戰目標，判斷可能出現的障礙，再投入最合適的戰場。

關鍵三：全體官兵上下同心

簡單來說就是團結一心。想要取得勝利，從上到下所有單位都要同心協力，站在同一陣線。在團結的單位中，同袍的關係會更緊密、溝通會更順暢。從軍官到士兵都充滿活力，忠誠度也會提高。

同樣的道理，你想完全取得彈性策略的優勢，迷你、進階還有菁英等三個等級缺一不可，加總起來才能發揮成效。有些人會急著追求菁英級的成果，把中低級的選項放一邊。想想看，如果士兵沒有被合理對待，還被當成下等人，會有什麼後果？在關鍵時刻，他們就不會起身迎戰，甚是會臨陣脫逃，因為他們沒有理由效忠長官與軍隊。各個單位要團結起來，整個軍隊才會變強大。同樣地，以彈性策略取得各級成果，能讓你變得更強大，再繼續追求更大的目標，培養更好的習慣。

我在後面的章節會再提到，我建議用有顏色的貼紙來追蹤你的彈性習慣，而且就像軍隊的制服一樣，貼紙的大小和形狀都要統一。不同顏色的貼紙可區分難度等級，正如同軍隊裡面會用不同的別針、徽章、臂章或顏色來表示軍階。

不論哪個等級的成果都一樣重要，都有助於達成目標。我們在日曆上用貼紙註記，象徵每天的成果。菁英級成果不一定比進階級好，因為在某些情況下，不適合給自己太大壓力。

關鍵四：做好充分準備，必要時攻其不備

一般認為，比敵人準備得更充足，應該就是發動進攻的最佳時機，但孫子強調要先按兵不動。準備好的時候，不需馬上發動進攻，而是趁敵人不注意的時候突襲，才能充分發揮自己的優勢。

要改變日積月累的惡習，就像一場持久戰，而陳舊的觀念就是敵人，阻擋我們邁向光明的人生。不過，我們可以化敵為友，改變大腦的運作方式，但也不要給它太多新任務，否則它操勞過度，就會再次變成敵人，阻止你繼續往前。

在潛意識的作用下，我們總是拒絕任何改變，緊抓著長年來的習慣。潛意識的保護力很強，會擋下任何入侵的意念；只要你有改變自己的念頭，潛意識就會升起防護罩。但只要運用彈性策略，就可以用階段性的步驟，讓大腦慢慢接受改變。

為了更快速養成好的生活習慣，你會很想大幅提升目標的難度，但是如果你的神經迴路還未重新設定，那些行為模式就很難扎根，所以我們才說積習難改。改變

需要時間，所以要保持耐心，效果不會馬上出現。

在彈性習慣的加持下，我們持續前進，逐漸掌握新的技能。你的大腦也會慢慢改變，接受新的習慣。達到下個階段後，大腦也會改變運作方式，不會阻撓你繼續往前；行為與大腦運作方式可說是相輔相成。

你已經想清楚了，要馬上改變人生，但必須先等待大腦轉化潛意識，習慣慢慢改變後，才能像個狂戰士一樣發動攻擊。保持耐心，接受你目前能夠達到的成果，並且堅持下去，就會在這場持久戰中獲得勝利。

關鍵五：主帥精於隨機應變，君主不擅加干預

孫子將最關鍵的要領留到最後。三國時期魏國武將王凌說：「君王的職責是給予大方向的指示，而將軍的任務就是在戰場上做出關鍵決定。」[4]要打勝仗，將軍必須有足夠的權力，以根據即時狀況做出決定。本書正是給你你大方向的指示、概念還有方法，讓你有效改變行為，成功打敗惡習。學會彈性習慣的完整概念後，你就知道如何找到時間與空間，每天取得大小戰果，最後才能打贏這場戰爭。

事實上，我只是一名作家，透過書本跟來自四面八方的讀者對話。每個讀者都

有自己獨特的經歷，每天都有不同的挑戰，不可能活出與其他人完全相同的人生。你才是主導每天生活的指揮官，不論水平或垂直選項，只有你能決定要從事哪些活動以及難度。

制式化的目標還有計畫就像是獨裁者一樣，武斷地要你聽從命令。在那樣嚴格的限制下，你沒有決策的權力，不能執行自己的計畫。生活就像戰場一樣，得時時觀察並調整策略。只有彈性習慣才能賦予你權力，為你帶來生活各方面的改變。

孫子也是彈性習慣的推薦人

孫子的致勝五要有個共同的要點，就是保持彈性的空間。在擬定策略、採取行動前，要評估軍隊、形勢以及備戰狀況。假如孫子變成生活專家，教導大家制定目標或是習慣養成的策略，那他一定會推薦《彈性習慣》這本書。雖然這只是我一廂情願的想法，畢竟孫子在公元前四九六年就去世了，但是他傳授的原則一定可以運用到各個領域。

在制式的目標下，我們很難發揮彈性原則，去妥善運用每一天的零碎時間。我們也會失去自主性，無法親自擬定策略，根據生活的現況去創造獨一無二的成功道路。只有運用彈性策略，我們才有機會贏得這場戰役，成功改變行為。

＊小結

狀況不好的時候，生活的重點在維持平盤；等到條件許可時，再去考慮挑戰大的目標。本書所提供的系統，讓你有彈性去評估各種選項，不用在全有或全無中做出選擇，也就不會覺得措手不及。接下來我們來看看，為生活添加彈性與選擇，會有什麼風險和結果。

第八章
生活要穩定，也要具有彈性！

「無庸置疑地，有選擇比沒有選擇好，但選項多就不見得是件好事。」

——美國心理學家史瓦茨

生活不只要有彈性，還要保持穩定與彈性，最好是兩者都要兼顧。筋骨太僵硬就無法做出靈活的動作，但柔軟度太高也有缺點，身體沒有穩定的核心基礎，就沒有發力的支撐點。前者就像是一塊鐵板，後者就像地上的一攤水，但大部分的生物狀態都在這兩個極端之間，兼具穩定與彈性，既能施展力量也有活動力。身體的架構要穩定，才能控制得宜；身體要有彈性，才能學習各種動作，投入不同的活動。兩者缺一不可！

人類身體最不穩定的關節部位在肩膀，但生活中最常活動的部位就是肩膀！對健康的人來說，肩膀關節是活動的，才能站在投手丘上投出高速的變化球。但肩膀脫臼的話，關節就失去穩定性，連手臂都動不了。

而最穩定的關節在臀部，因此我們不用花太多力氣，就能穩穩地站一段時間。在倒立走路的情況下，肩膀關節會取代臀部支撐你的身體，這時你就能明顯感受到，出更多力氣才能維持穩定。

有穩定的架構才能支撐彈性習慣

目標策略若沒有穩定的架構，就一定有人會誤解，心想：「想做什麼就馬上去行動，做到哪種程度看心情就好！這就是彈性習慣，對吧？」

可想而知，這種方法毫無助益，一點策略都沒有，跟他們之前的做事方法沒兩樣。因此，一定要有架構完整的目標策略，才能成功追求目標和培養習慣，它就像肩膀關節一樣，既靈活又有力量，並且能適時保護自己。

在當前盛行的學習策略中，彈性習慣應該是最靈活的一種，但它也有一定的穩定性。彈性習慣就像是功能強大的關節，像肩膀一樣活動力十足，跟臀部一樣穩定又省力。

死板的目標就像吃電怪獸一樣

在臀部穩定支撐下，人類不需要用力地收縮肌肉就能輕鬆站立。同樣的道理，在追求目標和養成習慣的過程中，哪個環節就像用力收縮肌肉一樣，會消耗掉我們的能量？

前面談到，毫無目標的人缺乏穩定性，就像是地板上的一灘水。但是，想要穩定地追求目標或培養習慣，並非毫無代價，必須付出精力。身體不動的話，消耗的熱量比較少。相反地，追求目標的方式過於死板，就會消耗非常多的能量。為什麼會這樣呢？面對萬年不變的剛性計畫，你只能強迫自己去適應它，要付出非常多的心力，才能取得成果。但彈性策略可以配合你當下的需求，你不必耗費力氣，也能獲得一定成果。

舉個簡單的例子。阿榮下定決心，無論颳風下雨，每天都要跑三千公尺；但隔壁的同事阿順運用彈性策略，有各種運動選項和難度。前者設定剛性目標，後者有結構穩定的策略與彈性選項，兩個人最終的成果如何？

第一天：

阿榮上班很忙，身心很疲憊。但下班後他還是得去跑三千公尺完成本日目標。

阿順今天也很忙，不過他從彈性習慣中挑選迷你級的選項，在家附近的公園散步十分鐘。

第二天：

阿榮今天精神、體力比較好，下班後愉快地去完成今天的三千公尺目標。

阿順今天工作也比較輕鬆，所以從彈性習慣中挑選菁英級選項，成功挑戰六千公尺！

這個例子當中，阿榮跟阿順用各自的策略，兩天下來都跑了六千公尺，但有注意到過程是多麼不同嗎？

阿順活用彈性習慣，自由地選定目標，第一天少做一點，第二天多做一點，以配合上班時所耗費的體力與精力。有自由調度的空間，他會比較有動力完成目標，自信心提高後，也會想要繼續挑戰下個目標。相對地，阿榮的目標像鐵板一樣沒有彈性，不論他白天工作量多少，都必須跑完三千公尺。

設下剛性的目標後，阿榮恐怕會漸漸痛恨自己的工作，還會對跑步失去信心。兩者他都很重視，但卻無法兼顧。他有這樣的感受不難理解，畢竟他的目標太過死板。在忙碌的日子中，下班去跑步就像折磨一樣；在悠閒的日子中，跑個三千公尺又沒有挑戰性，最後他再也不想跑步了！

由此可知，剛性目標會消耗非常多的精力，得硬撐才能維持下去。彈性目標比較省力，因為它能配合你的生活。透過跑步，阿順想要身體更強健，在彈性策略的加持下，他每天都能獲得一定的成果，也變得更有企圖心，卻不會影響日常作息。相反地，阿榮對自己期望過高，所以設下難以貫徹的剛性目標，執行方式沒有彈性，最終扼殺了自己的興趣。

因此，我們得非常謹慎，為策略設定適宜的架構。規則太多又沒有應變空間，我們無法自由地展現實力與掌握局面，自信心就會大受影響。

彈性習慣的四大支柱

這四大支柱撐起整個彈性策略的架構。雖然我強調彈性在各方面的重要性，但這四大支柱缺一不可，充分理解之後，才能妥善運用彈性策略。

第一根支柱：天天執行不中斷

每天都要達成目標，這個條件不容易，但沒得商量，成功關鍵就在此。每天選擇哪種難度、什麼時候執行都沒有設限，但重點是一定要做！大多數人培養習慣時，一聽到每天都要達標，就會擔心做不到。但記得，至少每天花一分鐘取得迷你級的成果，這樣聽起來就沒那麼恐怖了。白天忘記做，在上床前完成就好。在沒有壓力的情況下，輕輕鬆鬆每日達標。

第二根支柱：最多九個達標條件

彈性習慣的水平與垂直選項不能太多。垂直選項設定三個就好。就跟人的關節一樣，太有彈性反而對人體有害。我們只是反對單一的標準，所以不需要毫無限制地列出所有達標條件，頂多列出九個就好，如同下頁圖表所呈現的那樣。

透過彈性策略，我們得到許多靈活運作的空間，但千萬不可亂槍打鳥。避免設定單一的目標，但也不可無限制地擴張。三個水平選項乘以三個垂直選項，只有九個達標條件。為了發揮彈性原則的效用，一定要有穩定的策略架構。

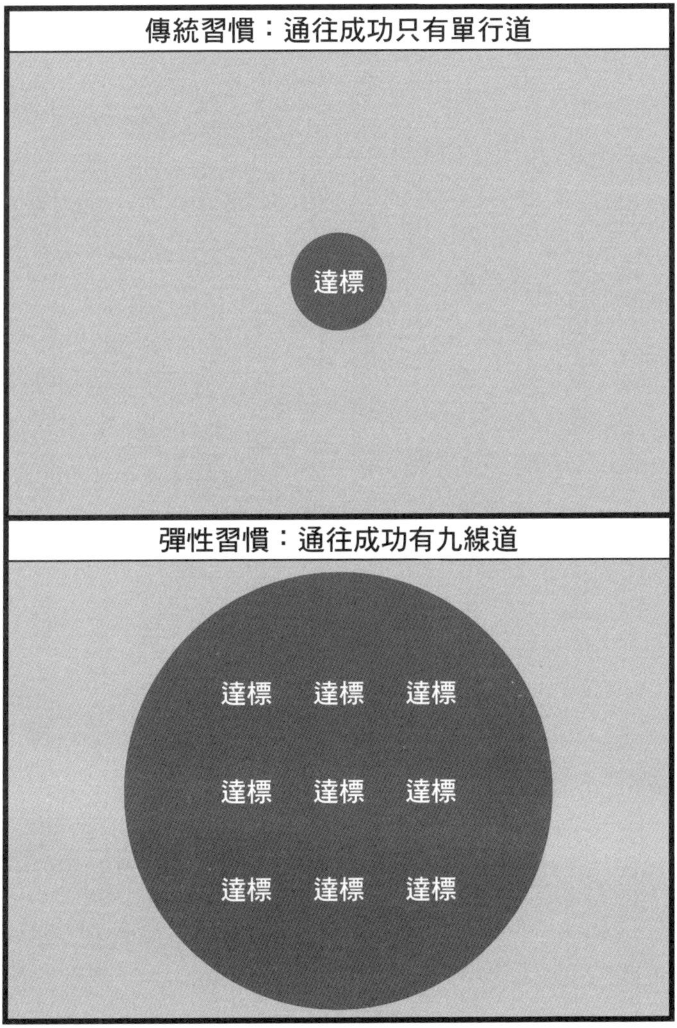
傳統習慣：通往成功只有單行道
達標
彈性習慣：通往成功有九線道
達標 達標 達標
達標 達標 達標
達標 達標 達標

第三根支柱：每日標註成果

得定期追蹤成果，才能了解成效。想要有所改變，不能只是在腦海中空想。透過我設計的彈性習慣追蹤表，每天在圖表上貼三個貼紙，簡簡單單就能評估成果。不同顏色的貼紙代表不同等級的成果，只要每天追蹤，就能輕易維持彈性習慣。

透過追蹤表格，你能確定自己每天都有達標，也因此更有動力追求難度更高的目標。每天在同一個項目上打勾註記，一開始能帶來滿足感，但後面會變得乏味。我在執行小習慣策略時，一開始總是熱血沸騰，還會在表格上畫驚嘆號、寫勵志小語，但到了一個月之後只會簡單地打個勾。其實這也不是什麼大問題，而且我有連續達標，只是熱情會不斷消退。

因此，最好有其他選擇。你可以挑戰難度更高的菁英級目標，成功達標後，在表格上打勾就是件非常爽快的事了。我實驗了好幾個月，發現這個方法非常有趣。我們會在最後一章深入討論追蹤方式。定期檢核是必要的工作，但方式很簡單，也能帶來成就感，執行起來非常愉快，不會讓人有壓力。其他習慣策略就沒這種優點了。

第四根支柱：想培養的習慣不要超過三個

想要培養的習慣不要超過三個。彈性策略要發揮最大的功效，必須把精力集中在最關注的習慣。我在《驚人習慣力》中也談到，想要養成的習慣越多，你的精力跟專注力就會越分散。有太多選項要執行，身心都會很疲憊，最後就很難達成目標。

不過說句老實話，沒有人一次只想培養一種習慣。每個人都有好幾個想完成的目標，所以一次養成多種習慣也值得一試。但先從最常見的幾個項目開始，像是運動、學習語言、冥想、閱讀、寫作、理財、拓展人際關係等等。若能在這些項目中獲得成功，我保證你不會後悔，畢竟它們都對生活大有助益。

稍後我們會談到在個別狀況下的彈性選項。核心習慣會徹底改變你的日常生活，你最多鎖定三個，才會有最佳的成果。

以上這四個支柱就是彈性策略唯一的穩定架構，其他面向都可以依照你的生活還有喜好適度調整。

選擇太多也是煩惱

整體來看，彈性策略只有一個明顯的缺點，你必須決定每天的難度選項。有這麼多彈性目標，生活的選擇也會變多，但有些你不想要，有些你不需要。這會連帶產生兩種問題：選擇癱瘓（choice paralysis）以及決策疲勞（decision fatigue），先來看看選擇癱瘓吧。

有了篩選清單，省時又省力

心理學家史瓦茨說得很有道理，選擇太多會消磨我們的幸福感。他在TED Talk的演講大受歡迎，他提到，自家附近雜貨店所販售的沙拉醬，品項超過一百七十五種。[1]他接著說：

> 有這麼多沙拉醬可以選，要怎麼決定哪一瓶才是最好的？買回家之後，你還是會不斷懷疑，剛剛是不是有漏掉更好的選項。不過，在反覆回想的過程中，你會慢慢感到懊悔，本來你還很滿意自己所做的選擇，但越想越懷疑，心情就變差，即便

你剛剛選中一瓶品質很好的沙拉醬。

既然你已經預料到自己會後悔，那就更會造成選擇癱瘓。選項這麼多，當然很難挑出「最好的」。我們都明白這點，卻還是耗費精神想做出完美的選擇。說來慚愧，有一天晚上，我居然花了超過二十分鐘在超市挑米。這是超常見的日常用品，種類非常多，例如印度香米、茉莉香米、精白米、糙米、長粒米、短粒米，品牌跟類型也很多。

我在超市裡猶豫不決：「我一定得選出最好的米，品質、口味、營養都要兼顧，價格也要實惠！等等，這裡還有賣藜麥？」

現代世界充斥著許多選擇，這當然是優點，畢竟自由的人才有選擇的機會，奴隸就身不由己或得自食其力了。自由和選擇兩者密不可分，它們對人生的重要性無可置疑。那問題出在哪裡？關鍵就在於，現代人的選擇其實大同小異，而且清單無限延伸。

我們不值得花時間去分辨那些瑣碎的差異。你去買超市時，看到架上一整排的蕃茄醬，內容基本上差不多，只有價格、口味、產地及包裝有些微差異，不管選哪一瓶，對人生都不會有多大影響。但這些商品的行銷部門就是有辦法讓你相信，選番茄醬可是人生大事，但其實不過就是口味差了一點。

哪怕你決定好要買高級的有機蕃茄醬，還得選擇是哪個有機農場出產的。這些瑣碎的選擇讓人心煩，因為我們心知肚明，這些事情不值得花時間和精力去精挑細選。

無止盡的清單只會壓垮心靈。當你面對一整排大同小異的選項時，最好的方式就是有效地快速刪除不必要的項目。這樣就不用強迫自己做出完美的選擇，壓力可減輕不少。更何況，選項變少，就更有機會做出審慎的決定，也比較不會在事後想太多，後悔不已。無論如何，連鎖大賣場絕不會幫你做選擇，我們自己先篩選一下，才不會逛到瘋掉。

舉例來說，美國環境工作組織（Environmental Working Group）就提供了很好用篩選清單，讓我不用花太多時間挑選日用品。[2]第一項稱為「黑心十二」，它列出市面上殺蟲劑含量最多的蔬果。再來就是「潔淨十五」，它列出幾乎沒有農藥殘留的農產品。有了這兩份清單，我就知道市面上哪些水果可以買，而不必去買貴森森的有機食物，也絕不會對自己的選擇感到懷疑。酪梨或是洋蔥都在「潔淨十五」名單中，買市售的就好。草莓或菠菜的農藥殘留量比較高，所以我會去買有機的。這兩份清單幫助我省下大把的時間和精力。

擇你所愛，愛你所擇

除此之外，我還要告訴你一個人生的大道理（大道理的清單也很長就是了），不要一直想著要挑出最完美的選項，只要到達中上的標準，自己也覺得開心，那就是最棒的選擇了。我現在是個作家，也很喜歡這份工作，雖然我也一直夢想著去當職業拳擊手，不過到那時你就會看到我前排牙齒少了好幾顆。撇開玩笑話，我的確還有很多想做的工作，但作家生涯給我帶來很多樂趣。我既不焦慮也不會後悔，更不會一直抱怨。人生總是有更好的選擇，但當前所有擁有的也很美好，不需要一直「吃碗內看碗外」。

史瓦茲提的那些煩悶還有悔恨，都是因為選擇太多。我們總是忍不住去想，自己的選擇也許不是最好的。但記住，即便你選到最難吃的沙拉醬，還要提醒自己，起碼你做了一個基本的決定。

讓目標配合你，而不是你去配合目標

科學研究顯示，做決定會讓人感到疲勞。這不難理解，畢竟動腦是很傷神的。就連每天挑選彈性目標，也會導致決策疲勞，所以做選擇時一定得考慮當時的情境。其他的習慣養成法只有一個層次，但彈性習慣層次比較多元。當然，在設定目標、擬定計畫以及實際執行的過程中，一定會耗費大量精力，但只要這個目標系統對你有益，那你就可以放心地貫徹到底。

依照我目前的觀察，其他系統的目標都是固定不變的，最大缺點就是無法配合你每天實際生活的狀況。你必須耗費很大的心力才能達標，因為它有時與你今天的作息有所牴觸，或根本不是你目前能力所及。

你可以先採取簡單的小習慣策略，讓你感覺自己動了起來，但沒過幾天你就會感到無聊。那時你就會發現，「做一下伏地挺身」沒什麼了不起，因為你的肌力已經有所提升。

因此，如果你當天的身心狀態無法跟上原先設定的目標，就會覺得很疲憊，即使達標了你也高興不起來。如果你的既定目標不符合當下的實際狀況，你可以做出一些調整，但這只是治標不治本：

一、**改變目標**。一開始你設下使命必達的目標，但到中途不得不有所調整。但既然你可以隨時轉換目標和步驟，那一開始何必給自己設下那麼高的門檻，又何必強迫自己堅持一段時日。這樣做根本就自相矛盾。

二、**調整生活方式和自己的心態來配合目標，堅持到底**。你必須排除各種突發狀況，不能有任何調度空間。久而久之，你會討厭那個目標，覺得它越來越像魔鬼教官，不管你的狀態為何，只要求你要聽命行事。不管今天天氣如何、心情如何，你每天都得強迫自己完成目標。你慢慢心生懷疑，開始覺得這個目標並不適合你。有時你太過忙碌，根本排不出時間完成目標，這時你就會覺得很沮喪，覺得自己時間管理欠佳。

三、**跳過一天不做**。如果你的目標硬得跟鐵板一樣，就得硬著頭皮堅持下去，跳過一天顯然就是偷懶的態度，不撐下去的話一定會半途而廢。即便你當初設下的目標沒那麼難，幾天不做也不會退步太多，但你的達標條件只有一個，導致你要麼貫徹到底，要麼擺爛不管。最後你也不想再面對現實，就這麼浪費了前面的努力。之後你也有可能一再犯下同樣的錯誤。

這些改變會有什麼後果，我們不需要繼續討論下去，只是要讓你明白，在變動不居的生活中排入固定目標，就算你能貫徹執行，也會耗盡自己的精力。

我們在規劃目標進度時，總是會以為「日日是好日」。好死不死，如果一週有三天都在犯水逆，我們就完蛋了。就算星象都很平穩，日常生活也總是有些小突發狀況，足以打亂我們的既定計畫（我寫完這個段落之後，就真的就扭到腳了）。

要完成剛性目標，就得確定未來不大會出現突發狀況。但在瞬息萬變的世界中，要求自己每天都要完成同樣的進度，就一定會導致無法收拾的局面。你的計畫被打亂，生活也會失序。你設下的目標就像易碎的玻璃一樣，禁不起碰撞和彎曲。

剛性目標的生命如飛蛾一樣燦爛而短暫，一開始我們懷著雄心壯志，不久後就會灰心喪志。它脆弱又禁不起挑戰，註定只能維持一段時間，畢竟世界在變，你也在變。

無論做什麼決定，都需要消耗精力。越困難的決定，就要花更多力氣才能拍板定案。你花了許多力氣才選定目標，卻因為執行上的困難，讓你的熱情慢慢被消磨掉。早知如此，不如就改用彈性策略。

列出必要的選項，依照每天的情況從中挑選，就能避免選擇癱瘓

選擇癱瘓的起因是由於選項大同小異，清單又無限延伸。彈性習慣的優點就在這裡，每個選項都有差別。狀況不好的那幾天，你完成簡單的目標就好，以保持紀錄不中斷，輕鬆堅持下去。興致高昂的那幾天，就可以選擇有挑戰性的大型目標，讓自己進步和成長。彈性選項每個都很關鍵，所以你只需要從中選擇就好。我們不需要四十七種完全一樣的蕃茄醬，但需要不同程度的目標，來充分運用獨特的每一天。

我設計習慣海報時，原本上面的難度等級有四層（迷你、進階、優秀、菁英）。拿去列印後我先試用，就發現四個等級太多了，跟我去超市買米遇到的狀況一樣。我覺得「優秀」是個尷尬的選項，不像「進階」是中級的目標，也沒有「菁英」那樣有挑戰性。這樣我就很難判定，這四個等級要花多少力氣以及各自的重點在哪？真是傷腦筋。

我把選項減少到三個（迷你、進階、菁英）之後，馬上就能看出差別以及它們

的適用情況。正如每個人都知道尺寸要分成大中小，同樣地，很快就能理解彈性策略，並且了解三者的對應關係。你的目標學習法是會改變生活或是讓生活更加紛亂，關鍵就在於是否有限縮選項。

選擇癱瘓是常見的心理現象，所以我在研發彈性策略時，有特別提防這一點。所以你不會遇到這個問題，也不會出現決策疲勞。

彈性習慣有完整的水平與垂直選項，讓你可以依照今天的狀況，選擇強度適合的活動。重要的是，這些選項數量有限，也都能提供動力甜蜜點。它有清楚的選擇標準，也能有效避免決策疲勞。這些優點是其他制式目標方法所沒有的。

選擇過程太複雜，就會減低那些選項的價值

彈性習慣就像一組收納整齊的工具箱，裝著邁向成功的所有必備工具。要整修房子不難，把鐵槌、扳鉗還有螺絲起子都帶上，在需要的時候選擇適當的工具即可。彈性習慣也是一樣的道理。

我大概有十五件襯衫，但只有一件牛仔褲，所以不用太煩惱要穿什麼。我只有一款襪子，隨便抓一雙就能出門。重點在於，雖然我大刀闊斧砍掉許多選項，減少

做決定的機會，但彈性策略法簡單又有趣，並不會讓我生活變單調。在這個壓力沉重的生活中，彈向習慣是象徵靈活與自由的燈塔，讓我們避開死板又脆弱的固定目標。

生活中選擇太多，會有選擇癱瘓和決策疲勞的風險，使用彈性習慣就能避免這問題。它選項有限，也有簡明清楚的選擇標準。請注意，不要因為玩得太開心，就延伸成六個達標條件，另外再加上五個準備培養的習慣，這麼一來就真的會導致選擇癱瘓以及決策疲勞。選擇的價值是有上限的，做決定的過程太複雜，好處就會大幅下降，甚至造成負擔。一開始的時候，最好照書中的建議，盡量保持九個以下的數量。

哥賭的不是錢，而是對未知成果的新鮮感

我們說完選擇的雷區和風險，也知道應該限制數量。再來我們談談優點。有選擇的好處在於，每天都能根據自己的情況調整目標。除此之外，設定不同難度的選項，還有另一項驚人的好處。

在賭場上，最後的贏家一定是莊家，賭客註定會輸錢。那為什麼還會有人會樂

此不疲？賭博基本上就是把錢扔到海裡，那為什麼還是會有人上癮？

坐在吃角子老虎機面前，幾個小時內不斷投下硬幣，即便輸錢也不肯停手，當中一定有些誘人的因素。假設我在路邊擺個攤位，桌上放個沒功能的按鈕，告訴路人說，按一次要付十元，應該沒有人會鳥我。但其實這和賭博的後果沒什麼不同，差別只在於吃角子老虎機有趣多了。

賭場會讓人流連忘返，就是因為有五花八門的玩法。投入十元硬幣後，機器隨機產生各種結果，有時石沉大海、有時小賺一百元甚至於中大獎贏得上千元。玩家不知道下一次拉下搖桿會發生什麼事，就一直按，希望贏得大獎。從整體成果來看，賭博一定是賠錢，但趣味的過程與難以預料的結果，令人著迷又難以自拔。

彈性習慣的特色正是多變又有趣，讓你保有新鮮感！想要沉溺在結果未知的遊戲，又不傷害荷包嗎？彈性習慣是你最好的選擇。

＊小結

彈性習慣兼顧穩定與靈活兩種特點，一方面讓我們保有自由，同時又能輕鬆堅持下去，創造豐碩的成果。有明確的步驟與規則，就能避免決策疲勞。保持隨時可調整的空間，就能顧及到自己的需求。最後，多樣的目標成果可維持新鮮感，讓我們帶著興奮期待的心情投入每次挑戰。

第 5 篇

彈性習慣實戰篇

第九章
簡單七步養成彈性習慣

「成功不是少數人的專利。了解自己、掌握環境，準備好面對眼前的挑戰，就能一步步取得勝利。」

——西洋棋特級大師卡斯帕洛夫（Garry Kasparov）

我們討論這麼多，現在你可以試著操作看看，創造屬於自己的彈性習慣了！我會建議在筆記本上擬定計畫。改造自己的七個步驟如下：

❖ 最多選擇三種習慣。
❖ 每種習慣延伸出三個水平選項。
❖ 每個水平選項加上三個垂直目標。

❖ 選擇執行點，貫徹執行。
❖ 展示你的習慣。
❖ 追蹤你的習慣。
❖ 統計成績，評估自己的表現。

計畫完成後，看起來會像這個樣子：

學小提琴			
迷你	練音階一分鐘	讀樂理一分鐘	練一首曲子
進階	練音階十分鐘	讀樂理十分鐘	練三首曲子
菁英	練音階三十分鐘	讀樂理三十分鐘	練六首曲子

這就是學習小提琴的彈性策略，而練音階、讀樂理，還有彈曲子都是水平選項；每個水平選項都有三個強度（迷你、進階、菁英）。接下來我們先談談如何設定目標。

從大方向選定想培養的習慣

想要學習的領域，最多選擇三個就好，只有一兩個也沒問題。超過三個領域，你的氣力還有專注力就會被分散掉。也許你天縱英才，能夠一次挑戰六個彈性習慣。但如果你鎖定了三個挑戰目標，覺得快喘不過氣來，那就縮小範圍就好。

「運動」是一個大範圍的概念，很難當作實際執行的項目。所以一般人都會具體地表示，要去做伏地挺身、重量訓練或是跑步等。但擬定彈性目標，一開始盡可能籠統一點，到了第二階段，開始設定水平選項時，再找出明確的行動項目。彈性習慣的範圍比較大，可以用來涵蓋多個性質相同的行為。以寫作來說，寫詩、寫日記、寫部落格都包含在內，這樣你就不用把瑣碎的活動當成習慣，比如「每天寫一千字」。

一開始先擬定大方向，之後再找出明確的執行方式，這樣一來，你就能劃出一個特定領域，並看到當中不同的組成元素。

先找出習慣的類型與範圍，對於自己期望達到的目標，就會有大致的樣貌。舉例來說：

有人說一天想做一百下伏地挺身或者跑十公里，就是想要變得苗條、健康還有強壯。他們是想要培養運動的習慣。

有人說想要寫部落格、寫詩、寫企劃、寫劇本或是拍影片，是希望培養創作的習慣。

有人說他們想要練習冥想、做瑜珈、按摩或是改吃素，是希望培養養生的習慣。

有人說想拔雜草、種花蒔草或是在屋頂種菜，是想要變成綠手指。

所以，選定大範圍的目標後，就能列出多種具體的執行項目。大範圍的目標包括：園藝、運動、鋼琴、木工、創作、做家事、寫作、拓展人際關係、修行、健康飲食、閱讀。想學習的技藝還有想鑽研的領域也算在內，如拉小提琴、雜耍、焊接、汽車維修、居家設計、程式設計、演說等等。

先從自己的價值觀中挑出想要培養的習慣

我認為，最應該培養的習慣，要能影響你生活的多個層面，而運動就是最棒的選擇。它對身體與心理健康都有幫助，能改善情緒、提振精神、讓思緒更清晰，還會增添自信。運動能緩解焦慮與抗憂鬱，有時甚至比處方藥還要有效。[1]好習慣都有類似的光暈效應，能把正能量擴散到生活各層面。做家事也一樣，家中很整潔，不只比較衛生，也會讓人覺得比較平靜，看書或寫作的效率會提高。

其次，你想培養的習慣最好能符合你的價值觀。畢竟，你在乎的事情就會有動力去做。如果你還不清楚要選哪些習慣，或是目標太多，難以排出先後順序，那先從你的價值觀出發吧。

寫下你現在最珍視的價值。生命有不同的風景，現在對你來說最重要的事情，也許幾年之後就拋到一邊。正因如此，請對自己誠實，好好了解自己「現在」真正想要、確實需要的是什麼，而不是自以為「應該」重視的事物。對我而言，現在最看重的價值是：

- ❖ 身體與心理健康
- ❖ 誠實與正直
- ❖ 創意

❖ 自由
❖ 學習
❖ 人際關係

彈性習慣只能有三個，所以請選出三個你最重視的價值。理想上，你最先想到的價值，最適合你花費心力找出相關的習慣，但有些價值的確很難變成選項。舉例來說，誠實和正直對我來說非常重要，但這兩個特質我從小就有，我做的任何決定都不會違背它們，所以就不需要另外安排時間來「練習」。因此，我前三個可採取相關行動的價值是健康、創意還有自由。

如果你無法篩選出三個最重要的價值，可以採取下列步驟，幫助你釐清哪些具體行為對你最有吸引力。找出你最感興趣的活動，它們會讓你持續追尋那些價值。以我的情況為例：

健康：運動、冥想、健康飲食。
創意：寫作、閱讀、研究、腦力激盪。

自由：賺錢、理財、投資。

從價值出發，找出相關的行為，它們就是你培養彈性習慣的第一選項。以我的情況為例，應該不難看出，我要培養的彈性習慣就是運動、閱讀還有寫作。這三個習慣與我的價值觀相當契合。寫作對我來說最為重要，因為它同時具備創意和自由這兩種價值。寫作不受時空限制，甚至能帶來收入。

選好三種領域來培養你的彈性習慣了嗎？好極了！那來為每個領域挑出三個水平選項。

如何選出三個水平選項

選好習慣後，再想出明確的執行方式，也許只有一種，也可能有好幾十種。

在提出明確的例子前，先解釋一下，一般人常會用「時間長度」來標註水平選項，幾乎任何任習慣都適用。就像我們常說「花五分鐘運動」、「花十分鐘看書」等。在某個習慣領域（如寫作或運動）中，可執行選項很多的話，這是個萬用方便的方法。不過，以「時間長度」作為標準有兩個缺點。

首先，持續時間不一定能用來評斷進步與否，就像專心工作一小時比硬撐八小時還要有生產力。

其次，就算加上時間長度，有些習慣還是很籠統。「慢跑十分鐘」就是非常清楚的執行目標，標準很清楚。但是，「運動二十分鐘」就有很多種可能，每次執行前還要先找出一個執行項目，就會讓人失去動力。不過，「閱讀二十分鐘」就跟「看十頁小說」一樣明確。

時間是通用的測量標準，許多習慣領域都適用。但必須考慮上述的缺點，以及在執行中會發生的問題。以寫作來說，以字數為標準比較合適，寫作時間不代表產量。但就閱讀而言，時間長度就很有意義，畢竟頁數和章節會依書本大小而有所不同。因此，要精準評估閱讀進度，時間是最好的測量工具（前提是你有專心）。

接下來我們舉兩個例子。以「多喝水」這個習慣來說，其實只有一個水平選項，也只有一種執行選項，那就是「喝水」。但它可以延伸出垂直選項，我們稍後再談。

至於「閱讀習慣」，我們就可以拉出三個水平選項。雖然這個活動有許多環節，包括挑選地點，去書店買書或去圖書館借書，但我們只談閱讀這個行為。大大小小的選項當然很多，但不代表你都要列入考慮。重點在於，水平選項是否與你的目標契合，並且只選擇最適合你以及你最想養成的那些習慣。

再以閱讀為例，有兩種測量方式：頁數還有時間。記下每次開始與結束的頁數，就很方便追蹤進度。有些書沒有頁碼，就記下你開始和結束閱讀的時間。有兩種測量標準，就可以增加動力。

運動的水平選項就很多：跳舞、打球、重訓、跑步、騎腳踏車、健行、伏地挺身、走路還有瑜珈，這些都是很棒的活動。

運動是彈性最多的習慣，不妨寫下你想到的各種活動項目。假如你有九種感興趣的項目，就可以先放入「習慣清單」中，將來再慢慢挑選。但對絕大多數的習慣來說，執行項目不要太多，最多選擇三個就好。

我會選擇自己最喜歡也最常投入的項目，當作生活的重心以及參考點，其他選項先暫時放到一邊。既然我們強調彈性原則，所以就算瑜珈不在首選名單中，我時不時還是會比較它跟其他運動項目的差異，當作備用選項。當然，我也可以用籠統的方式來設定「運動十分鐘」這個項目，放入各種偶爾想從事的活動。以下是我目前運動水平選項：

❖ 上健身房做重訓
❖ 在房間內做伏地挺身
❖ 在附近公園跑步

我也有寫日記的習慣，但它不只有一個水平選項，也可以定期回顧之前寫作的內容。我們的日記中總是有些生活感悟，有時回過頭看看來時路，也許可以發現一些道理，也會看到自己的成長軌跡。所以重讀日記可以放入寫日記的水平選項中。

最後談談寫作，它也有多種水平選項。除了寫散文、寫詩，你也可以寫小說或者是編輯書本。編輯工作有不同的層次：企劃、調整內容架構、審稿以及校對。寫作不只是打字而已，字數不是唯一的考量。初稿完成後，你就不再需要累積字數，而是得設定架構和編修內容！如果你得為自己的拍賣網站撰寫個人故事和產品介紹，也可以把行銷文案列入寫作項目中。

每個習慣領域最多三個水平選項，勉強可以增加到四個。選擇多是好事，但得有個限度。三個選項不少，從中選出一個也不會太難，這樣既能兼顧彈性，也能集中焦點。選項少，你比較能專心攻克某個目標，但調整空間少；選項多，彈性也多，只是注意力會分散。

在每個習慣領域中，有些水平選項是關鍵，缺少它就不易達成目標，我們在下個步驟會談到。

綜合以上步驟，你現在有三個大的習慣領域，每個領域有一到三個具體的執行方式。接下來，我們要加入垂直彈性，讓彈性策略變得更加有趣。

為每個水平選項加上三個垂直目標

接下來，你需要為每個水平選項列出三種難度。以為園藝為例，你的水平選項為拔除雜草、澆水還有全面照料。

你想成為綠手指，也知道園藝工作很複雜，每天、每週都有不同的工作事項，如堆肥、收成、除草、播種、嫁接等。這時彈性策略就能派上用場，它能配合每個人獨特的情況，來符合實際需求。有幾天花園不需要特別照顧，所以你可以在園藝項目設下一個迷你級的目標「到花園繞一圈」。等到修剪、施肥時的時節到了，再去完成進階以及菁英級的目標。

園藝			
迷你	花園巡一圈		
進階	拔五根草	澆水	全面照料（十五分鐘）
菁英	全面照料（三十分鐘）		

接下來我們再以運動為例。表格內由上到下為水平選項，由右到左為垂直選項。

健身				
迷你	波比跳一次	徒手深蹲十下	任何一種運動（一分鐘）	
進階	波比跳十下	徒手深蹲四十下	任何一種運動（十分鐘）	上健身房
菁英	波比跳二十下	徒手深蹲一百下	任何一種運動（半小時）	在健身房運動超過半小時

你應該還是很疑惑，目標的難度如何設定？迷你、進階或是菁英級的標準為何？先從菁英級開始看起吧。

如何設定菁英級目標

正如名稱所示，如果你有辦法每天挑戰菁英級的目標，那想必你已經是那個領域的高手，至少已經比初學者厲害很多。

因此，設定菁英級目標時，我會問自己：「完成難度多高的目標，會讓我覺得自己很厲害？」達到這個等級，你會感到非常自豪，因為這是大家公認的高難度目標。更讓你自豪的是，你是自發性地選擇挑戰自我，而不是逼迫自己去達成死板的目標。過程中，你可以自由、隨性地選擇簡單又容易執行的迷你級或進階級目標，並在達標之後肯定自己的努力成果。

若以時間長度來看，菁英級目標大多都落在三十到六十分鐘的區間，但還是要看每個人的狀況與預期目標。

菁英級的目標可以訂很高，只有專家可以辦到。你不需每天挑戰它，只是把它當成自我期許的理想，所以設定時可以超出你當前的能力範圍。

如果你設定菁英級目標時，是以專業職人的程度為準，那你的主要成就感會來自於達成許多迷你級和進階級的成果。不過，如果你的菁英級目標嚴重偏離現實，反而會重重打擊自信，讓人灰心喪志。總之，每個人都喜歡在習慣追蹤表上看到菁英級的成果，那可以給人帶來信心與行動力。有機會就挑戰看看！

如何設定進階級目標

中型目標的標準在哪？最好的判斷方式，是把它當作「令人敬佩」的選項。以時間長度來看的話，大約落在十到二十分鐘之間。我的運動進階級目標是一口氣做二十五下伏地挺身（後來增加到三十五下）。這個強度還難不倒我，但多少需要花一點力氣才能完成。用時間或是強度來作為標準都可以，就看每個習慣的屬性。

設定中級目標時，我會問自己：「做到哪種程度，我會感覺『還不賴』？」

進階目標的難度不能太低，不然就跟迷你級目標沒兩樣。兩者的落差不夠大的話，進階目標就會取代迷你級目標。最後目標就只剩下簡單跟困難兩種程度，而且簡單的那一個也不夠輕鬆愉快。進階級目標也不能太難，因為這樣會跟菁英級目標重疊，也令人卻步。因此進階級目標的功能在於維持平衡，不讓人陷入二選一個困境。

如何設定迷你級目標

接下來，我們終於要談到彈性策略的安全網。以攀岩來比喻的話，迷你級的目標就像確保繩一樣，就算你挑戰困難的路線失敗，它還是會穩穩把你撐住，給你再次挑戰的機會。

迷你級目標的達標條件一定要很簡單，最好是一分鐘內就能完成的活動。進階級還有菁英級都不是觸手可及的目標，所以就不用再費心去想迷你級目標要多難。

許多《驚人習慣力》的讀者跟我說，他們會把小習慣的時間延長到十分鐘，不過這樣難度就高了十倍，可說是進階級的目標。雖說我說過，目標跟習慣的難度因人而異，但如果要當成一蹴可幾的安全網，十分鐘的門檻真的有點高。

迷你級目標的特點在於，無一例外，你每天都要完成。換句話說，不論你跌倒幾次、從多高的地方跌倒，這張安全網每次都能夠接住你。想要透過彈性習慣實現夢想，這一點相當重要！因為即使你有幾天狀況非常糟，還是能夠完成迷你級目標。

想想水逆的一天。貓咪在半夜撞翻瓶子、小寶寶在凌晨四點把你吵醒，導致你睡不飽上班遲到，老闆還把你痛罵一頓。下班後，看到未成年的大女兒身上有個刺青。這時你的心情跌到谷底，整個人就像洩氣的輪胎一樣提不起勁。還沒完，你晚餐還吃壞肚子……在這種日子裡，你還是有辦法不費吹灰之力達成迷你級目標。我們需要超簡單的任務，才能在水逆的日子裡達成目標。

我有些迷你級目標不到三十秒就能完成。有時我的狀態如爛泥一般，心情憂鬱、充滿挫折感，一點壓力都承受不了，那至少可以在兩三分鐘內完成一兩個迷你級目標，告訴自己成功達標。

請注意，是在五分鐘內執行三個選項，而不是每個選項做五分鐘。這樣才能輕鬆完成本日進度，這就是我的不敗祕訣。

的確，每個人對於「迷你」的認知都不同，但不管什麼事情，只要長度超過五分鐘，就一定得空出時間，在條件允許下才能完成。因為我是靠寫作維生，所以在寫作這個習慣中，我的迷你級目標是花五分鐘寫一段文字。如果你在某個領域深耕已久，迷你級目標就會比外行人難一點點。

在小習慣策略下，有一些讀者會把難度設太高，是擔心唯一的選項是那些小到難為情的目標。這點我能理解，但現在有其他選項了。現在有十分鐘的進階級目標，所以盡量讓迷你級目標輕鬆而無負擔吧！

不過，我建議不要用時間來設定迷你級目標，它的難度已經很低，甚至不需要用到計時器。一開始，我的迷你級運動目標是三下伏地挺身，在十秒鐘內完成。就算你有計時器，也不用精準計算完成迷你目標的時間，只需確定有做到設定的次數。

附帶一提，現代人可以用方便的3C產品或手機App來計時，你可以跟數位助理說：「嘿，Siri，幫我計時一分鐘。」你也可以用趣味的方式，比如用一首歌的時間（大約三到五分鐘）來完成本日目標。

難度不同才能有明確的進步空間

設定垂直選項後，再檢查一下彼此的差異是否明顯。每個選項是否放在專屬的位置，是否對你有各自的吸引力？如果三個選項彼此的差距太小，就會失去各自獨特的優勢。

各個目標界線清楚，有助於我們在腦海中分門別類。我原本住的公寓大小約三十坪，對一個人來說空間綽綽有餘，但因為沒有隔間，所以生活空間都混在一起。我在書桌前處理公事的時候很難專心，因為一抬頭就看到我的床和電視。後來搬到另一個有隔間的公寓，最棒的是每個空間都有門，我的工作效率提高，睡眠品質也好很多。

如果你的迷你級目標長度為一分鐘，那進階級目標就應該是十或十五分鐘。後者目標的難度大約要比前者增加三到二十倍，但不能讓人卻步，介於中等偏易到適中就好。菁英級目標的難度通常是進階級目標的二到四倍，如果中階選項是十分鐘，那高階選項就會是三十分鐘。

當然，難度該怎麼拿捏還是以個人的狀況為主，每個人的身體條件不同，所以自己實驗看看，找出最適合你的方式。我們可以在執行兩週後做個評估，看是要調整策略，或是維持原案，試著在接下來兩週取得更好的成果。

之後我會再講解，如何利用彩色貼紙來追蹤進度，到時你就知道，原先所設定的目標是否適合你。我在培養閱讀習慣時，一開始只能取得迷你級的成果，這代表我的進階級選項太難。重新擬訂計畫後，我才能取得更多進階級的成果，有時還成功挑戰菁英級的選項。這個成績不是灌水才達到的，我的閱讀量真的增加了，比之前多讀了好幾本書。修改策略後，我比較有動力挑戰進階級目標，因此才會有明顯的進步。

不斷修正目標的難度，才會有進步

彈性策略的特色在於，它能讓你不斷修正方向，只要分析當前的進展，就可以精準地調整下一階段的目標。

如果你好幾天一點成果都沒有，就表示你的迷你級目標還是太難。只要降低難度，把目標縮小，小到彈指之間就能完成。這麼一來，就可以輕鬆保持毅力，讓你能繼續追尋目標。

在兩週內，如果你只能做到迷你級目標，就那就表示進階級目標太難了。中級目標的特色在於，與迷你級目標有明顯的差異，但還是有辦法達成。進階級的目標一直沒有成果，就表示你必須放低標準，讓它更容易達成，更吸引人。

相反地，如果你跳過進階級目標，連續達成許多菁英級目標，就表示後者的難度不夠，或是兩者的達標條件太接近。如果你的進階級目標已經有點難度，那當然就直接挑戰菁英級目標。表面上看來沒什麼問題，其實不然，因為這樣就扼殺了中間選項的效用了。以我自己的慢跑習慣為例：

❖ 迷你級：四百公尺
❖ 進階級：一千公尺
❖ 菁英級：三千公尺

迷你級目標的功能是用來維持毅力，所以不應用掉太多時間，我五分鐘內就可完成。至於進階級目標一千公尺，我就要花十分鐘。最後是菁英級的目標，就得用二十五分鐘才能完成三千公尺。這個方案非常好用，各個選項的難度都很清楚，都可以賦予不同的成就感。

達到進階級目標後，應該有三四成的機會，能夠再繼續往菁英級目標邁進。這個策略層次分明，中級目標能帶來成就感，也讓我有動力追求更高的目標。

這個方案有個美中不足之處，就是迷你級的目標不夠簡單，因此我很少只跑四百公尺。要麼我會去做其他更輕鬆的迷你級目標，比如做五下伏地挺身，而且我都換上運動鞋到體育場了，還不如跑個一千公尺才痛快。

雖然這個迷你級目標沒有發揮它的功能，但我還是把它放在我的慢跑方案中。有時我想到要跑一千公尺就會不想出門，這時迷你級目標就很有吸引力了。所以，有自由選擇的空間非常重要，因為我設下了一個最低門檻，所以我每天都會去跑步，還不經意地會多跑幾圈。到目前為止，我不曾到體育場但只跑一圈，但有這樣的輕鬆選項，我才感到自己有選擇的自由，因此成功養成跑步習慣。

如你所見，就算難中易三個垂直選項的比例不夠完美，你還是可以用其他水平選項來彌補落差。你有很多種活動可以達成迷你級目標，就不用擔心今天少做了什麼。

進階級目標是很好的基準點，能用來判斷迷你級和進階級目標的難度是否合宜。如果你每天都能取得進階級的成果，代表你擬定的彈性計畫很完美。人總會有狀況不好的時候，也會有狀況絕佳的日子，但只要在平常的日子能取得進階級的成果，就是合格的表現。不過還是得提醒你，菁英級目標絕對不能太高遠，否則你只會停留在進階級成果，不僅整體的進步幅度會下滑，你的彈性方案也會逐漸失效。

因此：

❖ 迷你級目標必須非常容易，簡單到會令自己笑出來。

❖ 進階級目標必須有適度的挑戰性，但不會讓人一想到就卻步。

❖ 菁英級目標必須有難度，但是完成後會很有成就感。

展開自己的彈性計畫後，我取得菁英級成果的頻率越來越高。現在我經常挑戰高難度目標，不僅是因為它帶給我許多成就感，而且因為我有更多中低階的選項當作退路。不管是個人、公司或是國家，有足夠的誘因與選擇自由，才能變得更強大。找出誘因，才能有效改善我們的生活。但有些專家卻主張用高壓且狹隘的手段去達成目標，導致許多人半途而廢。自由對人類太重要了！趕快放棄那些單調又壓迫人的目標策略，現在你能自由地選擇彈性習慣了。

如何構想彈性習慣

以下這些範例，可以用來幫助你調整自己的計畫，不過上面的次數和時間參考就好，那是根據我自己的狀況所設的，不是為你量身打造。你要多花心思想想看，如何讓垂直和水平選項保持平衡，發揮各自的功能，也隨時評估看看這些計畫能促成哪些目標。

健身	迷你	進階	菁英
	波比跳一次	波比跳十下	波比跳二十下
	徒手深蹲十下	徒手深蹲四十下	徒手深蹲一百下
	任何一種運動（一分鐘）	任何一種運動（十分鐘）	任何一種運動（半小時）
		上健身房	在健身房運動超過半小時

健身	迷你	進階	菁英
	做一分鐘的伸展操	做十分鐘的伸展操	做三十分鐘瑜珈
	五千步	一萬步	一萬五千步
	跳一首歌的舞	跳三首歌的舞	跳六首歌的舞

健身	迷你	進階	菁英
	開合跳二十下	開合跳一百下	開合跳三百下
	跑步機跑五百公尺	跑步機跑一千五百公尺	跑步機跑三千公尺
	游泳來回二趟	游泳來回十趟	游泳來回二十趟

健康飲食			
迷你	多吃一份蔬果	健康升級一次	
進階	多吃兩份蔬果	健康升級二次	
菁英	多吃三份水蔬果	健康升級三次	全面健康升級

「健康升級」是我在《減重小習慣》中討論減重時提到的觀念，在吃飯時執行一項有益健康的飲食行動。

意思是說，即便你今天午餐選擇速食餐飲店，也不代表今天吃得不健康。你今天可以練習細嚼慢嚥、不喝可樂改點無糖綠茶、選擇沒有澱粉的生菜堡、餐前把手洗乾淨或是把薯條換成沙拉。哪些才能列入健康升級的項目，就端看你過去的用餐習慣，如果你本來就不喝含糖飲料，那喝無糖綠茶就不能列入考量。

舉例來說，你以前到速食店時，一定都會點漢堡、薯條還有可樂。現在你可以選生菜堡，沙拉和無糖綠茶。這樣就成三項健康升級，達成菁英級目標，當然你也可以選擇迷你級或進階級目標。或是，你乾脆選比較健康的主餐（如鮭魚沙拉），達成「全面」健康升級，這也是菁英級的成果。

喝水		閱讀	
迷你	一公升	迷你	兩頁
進階	兩公升	進階	十五頁
菁英	三點五公升	菁英	四十頁

想要多喝水的話，建議買個一公升的水壺，這樣就可以簡單算出今天喝水量。一公升的水壺不會太重，而且可以裝很多水，喝完了就算達標。但為了避免水中毒，記得不要一次喝好喝滿，一天中隨時適量喝一點就好。

至於閱讀習慣，如果你跟我一樣使用電子閱讀器，就知道不是所有書籍都有附頁碼，這樣的話用時間長度當作目標會比較好。迷你級目標可以設為讀兩頁或是讀一分鐘。

感恩			
迷你	用一分鐘寫下感恩的事情	深刻地回想一個感恩的念頭	對某人不經意地表達感謝

進階	用三分鐘寫下感恩的事情	深刻地回想三個感恩的念頭	對兩個人表達感謝（當面致電或寫電子郵件都可）
菁英	用十分鐘寫下感恩的事情	花十五分鐘深刻地回想感恩的念頭	為某人購買或是親手製作一個貼心的禮物

有一些活動不一會每天都做，這時彈性策略就可以派上用場。如果你每天都想找一個人表達感謝，可能沒多久就找不到感謝的對象了；況且，時不時對同一個人表達感謝，對方多少也會有壓迫感。因此我們設定其他的感恩活動，包括回想感謝的人事物，寫下感謝的事情。當然，如果能有機會當面感激某個對象，是非常值得讚許的行為。

有時我們可以挑出一個具體的行為，把它當成某個等級的唯一選項。這就是彈性習慣的優點，適時穿插一些替代選項，看看它如何改變你的生活。

感恩（替代方案）		
迷你	花一分鐘感恩擁有的一切	
進階	寫下三百字以上的感謝語	對某人不經意地表達感謝
菁英	寫下六百字以上的感謝語	為某人購買或是製作小禮物

有時候，執行選項少一點，你才能專注在某個領域的發展。每個水平選項不一定要有完整的三個垂直選項，只要確保每個等級每天都有可行的選項。舉例來說，為某人購買或是製作小禮物是很棒的菁英級目標，顯然你無法每天都做到，但至少可以花時間寫下感謝語。

禪修		
迷你	冥想一分鐘	做瑜珈並專注呼吸一分鐘
進階	冥想十分鐘	做瑜珈十分鐘
菁英	冥想三十分鐘	做瑜珈三十分鐘

寫作		
迷你	寫五十字	編修五分鐘
進階	寫五百字	編修三十分鐘
菁英	寫一千五百字	編修兩小時

上面列出我的寫作彈性習慣，執行的效果非常好。但編修過程我沒有用到計時器，只會看手錶評估進行了多久，過程也難免受到打擾；畢竟現代人有太多會分心的事物。

不過我很清楚今天完成哪個等級的編修目標。至於每天寫了多少字數，我的寫作軟體Scrivener會自動幫我追蹤。

寫日誌		
迷你	寫一句話	
進階	寫一個段落	寫一句話並且回顧一週寫的內容
菁英	寫一頁	寫一個段落並且回顧一個月寫的內容

木工		
迷你	花兩分鐘做裝修工作	寫下一個新的裝修點子
進階	花二十分鐘做裝修工作	寫下五個裝修點子
菁英	花一小時做裝修工作	畫出裝修的設計圖

演講		
迷你	練習橫膈膜呼吸法一分鐘	繞口令一分鐘或唸七次	唸完一次演說稿
進階	練習橫膈膜呼吸法五分鐘	繞口令五分鐘或唸二十五次	唸完三次演說稿
菁英	練習橫膈膜呼吸法十分鐘	繞口令十五分鐘或唸五十次	唸完六次演說稿

彈性習慣的方案無窮無盡，但我希望這些例子可以給你一些想法，準備往下個步驟前進！[2]

選擇執行點，貫徹執行

依照傳統的方式，我們會設定固定的執行點來完成當日的任務，通常是某個時間或是做完某事之後，前者為時間執行點，後者為行為執行點。

以時間執行點為例，有的人會在在早上八點四十五分刷牙。我們通常會在已養成的習慣之後加上一個指定動作，就像有人會在洗手後擦一下流理臺；洗手就是行動執行點。

這就是傳統的執行點設定法，效果也不錯。成功的話，你就可以養成一個附帶的習慣，它最後也會變成自然而然的行為。這種生活習慣不需想太多就能執行，不妨試試看。

在固定的執行點後行動並得到報酬，從這個迴圈我們可以看出大腦的運作方式。傳統的單一執行點就是這麼方便，讓人想起要執行的動作，動作完成後，又可以得到某種成就感。唯一的問題是，現實生活中的執行點種類有很多。

用養成壞習慣的模式來打造好習慣

事實上，壞習慣的執行點最多，而且都是在無意間「自然」形成的，就像是自由長出的雜草一樣。舉例來說，你會在社交場合抽菸，像是聚餐、喝酒、打牌或是派對上。這種壞習慣的執行點很多，而且都是無意中養成，如果培養好習慣的方式有這麼容易就好了。

不過，我們大腦不會區分好習慣或壞習慣，只會把它們當成取得獎勵的手段。因此只要找出好習慣的單一執行點，那就能改善生活了。但從壞習慣的養成過程，我們得到新的學習靈感，對我這種個性的人特別有效。

我的個性隨性又反骨，對於制式的習慣養成法，不只是沒興趣，還厭惡至極。有些人每天要依著既定的行程表活動，但這對我沒效。喜歡傳統方法的人很多，但跟我一樣熱愛自由的人也不少。這方面沒有誰對誰錯，大部分都跟每個人的性格有關。不過，就算你做事喜歡按部就班，喜歡設定傳統的單一執行點來養成習慣，那改用彈性習慣也會有很大的成果。傳統的執行點有它的缺點，尤其是單調乏味，所以我才創立有趣的方法，讓大家輕鬆培養好的日常習慣。

不論做什麼事情，有清楚明白的規則當然好，但總有派不上用場的時候。單一執行點的好處就是清楚又簡單，很好操作，但難免令人覺得太過機械化，步驟有很多侷限，沒做到的話會有挫折感。正如你本來設定要在下午五點冥想，但突然訪客上門，那該怎麼辦？你錯失今天唯一的時間執行點了，任務失敗。當然你可以晚點再做。既然如此，那為什麼一開始就要設定單一的時間實行點？對有些人來說，一錯過執行點，當天就再也不想補完進度，乾脆跳過。

壞習慣最可惡之處在於，它特別難以戒除，因為底下盤根錯節。為了戒菸，有些人乾脆不去參加飲酒聚會，但在家心情不好卻忍不住抽了一根。我們都知道油炸物對身體的危害，但還是會忍不住在宵夜時去買鹹酥雞。這不禁讓我們幻想，如果好習慣也這麼難戒，那該有多好？但好習慣不會憑空出現，不如放棄單一執行點的觀念，改用多管齊下的方法，才有機會找出有效的策略。

對某些人來說，採用單一執行點比較理想。這當然沒錯，但我們也不能排除其他可能性。在大部分的情況下，對於許多人來說，設定多重執行點會表現得更好。我在《驚人習慣力》當中有談到「上床睡覺前」這個執行點，這種執行點很寬鬆，包括我內在有許多人都喜歡用它來實行小習慣，用在彈性策略的效果就更不用說了。

在上床前完前本日進度就好

我在執行彈性習慣時，會把整日都當成執行點，我稱為「全日執行點」，但沒有規定要在幾點幾分，這樣就可以大幅增加彈性。

我們在上一章談過，沒有基本架構的彈性策略像是地板上的一攤死水，沒有穩定性可言。你下定決心，這個月每天都要寫一百字的文章，但卻在第一天寫了三千字。這種執行方式又太過隨性。習慣養成必須每日俱進，所以我們每天至少要設立一個執行點。

很多事物都可以當成執行點：想法、味道、聲音、個人、動作、感受、渴望、地點或特定時間，不論哪個執行點，都可以拿來啟動相同的行為。全日執行點的意思是，當天任何人事物都可以當成啟動的訊號。

全日執行點只有一個底線，就是一定得在上床睡覺之前完成當日目標。因此你有一整天的時間可以靈活運用，就算在上床前一刻也沒問題。一天中你可以找出多個執行點，找時間挑戰目標，累了就休息。

雖然我討厭一成不變、按部就班地做事，但我還是想要擁有每日的基本習慣，彈性策略正好可兼顧我的雙重要求。我想要培養寫作、運動還有閱讀習慣，利用彈性的全日執行點，每天都可以完成這三項活動，只是方式、時間與強度都不相同。

對多數人來說，每天晚上洗澡是自動自發且無意識的習慣，不過全日執行點沒有這麼固定。然而多年來，全球數萬名讀者證明小習慣策略非常有效，也就是說，全日執行點非常可靠。它沒有例行程序，所以我們才能隨機應變、多管齊下去完成目標。

全日執行點還有一大優點，這樣你就不用分分秒秒盯進度。依照傳統策略，你必須為每個習慣個別設定執行點。但全日執行點不用這麼仔細，完成的時間和地點沒有硬性規定，只要當天完成就好了。

找出固定的空間時間來培養習慣

有的人覺得固定的時間執行點太硬、全日執行點太寬鬆。這時他可以考慮採用時段執行點，它既有穩定的執行時間，也保留了一定的彈性空間，又不用把時間分散到一整天。

假設你每天睡八小時，全日執行點的實際範圍就是每天醒著的十六個小時。改用時段執行點的話，就要在一到兩小時內完成今日的習慣目標，例如八點到十點間，也就是你下班後到上床睡覺這段時間。有時第四臺訊號不良，你打到維修專線，客服人員會跟你說：「明天早上八點到十一點前就會去修理。」這就是時段執行點的概念。

有些人習慣每天晚餐後要自由活動，有些人週末早上一定要放空，那他們就可以在那段時間培養習慣。你也可以考慮用公司的午休時間來執行一兩個彈性選項。時段可以設定很多個，上班前後都好。但是時段設太多，反而你就要開始認真做時間管理，那倒不如改用全日執行點，有空閒時間完成一點就好。

我比較喜歡全日執行點，這樣就可以靈活運用空閒時光，想到就去做。閒下來的時候，就想今天要完成甚麼目標。想要生活多采多姿又有所進展，全日執行點真是一大福音。但如果你是作息非常固定的人，那就比較適合使用時段執行點、時間執行點或是行動執行點。

有寬鬆的計畫，生活中才能找到餘裕培養習慣

你的目標計畫越有彈性，達標條件就更多。除非你很想把每日行程排得清清楚楚，否則一開始就先採用全日執行點，它最符合彈性策略的精神。如果這個辦法不管用，再改用時段執行點、時間點執行點或行動執行點。

計畫一開始時，你要盡可能把規則訂得寬鬆些，當你發現只有較嚴明的計畫才能成功時，就把彈性降低一些。一切都取決於你個人的生活習慣以及你所重視的目標。若你真的很想養成某些習慣，也很認真投入，就不太會忘記每天的作業。我培

養閱讀、運動和寫作習慣頭三個月，只有一次忘記閱讀作業。我完成兩百七十個彈性目標，只有漏掉那一個。

不管你採取時間執行點、行動執行點或者是時段執行點，都要制定備用計畫。如果不小心錯過執行的時間點，先達成迷你級目標，改日再戰就好。

在每天上床睡覺前，記得在追蹤表上註記或是打勾，以確保每天都有達標。不管是要養成習慣，或是人生來說，重點不在於用同樣的戰術來應戰，而是找出最適合的打法，每役必與。

一日之計在於晨

彈性習慣最重要的精神在於，讓目標配合你的生活，讓你有各式各樣的方法去培養習慣。生活總是充滿變數，制定目標的時候，不能確定每天的狀況都大同小異。有時隔個兩週不見，就會發現旁人的狀況有所改變。因此，每天調整計畫才可以因應個人或環境的變動。

全日執行點最具彈性，但就是太過寬鬆了，對於不會排行程的人來說，就會找不到頭緒。生活要有彈性，也要有基本的條理，所以我們有個不錯建議方案，就是利用早上的時間來挑選本日目標。

早晨的時間非常棒，你可以先瀏覽一整天的行程，再安排可以培養習慣的時間。這樣你就知道今天的大略行程，也可以評估當天的身心狀態，再根據這些資訊來選定目標。那些設定硬性目標的人就享受不到這種自由。因此，早晨是擬定作戰計畫的最佳時間，好好挑選今天想攻下的山頭吧！

預估本日的狀況後，就可以先挑選水平選項，先不用挑選難易度，等要執行的時候再看當下的情況去決定。當然，你也可以預先準備要挑戰菁英級目標，但還是先保留彈性空間，免得計畫趕不上變化。

許多人的計畫會失敗，是因為用二分法看待它，要麼不做，否則就要做到最好。也就是說，當他發現沒辦法如期實現原本的宏大目標，就索性半途而廢。這時最好改用彈性策略，你可以設下絕佳的菁英級目標，但也準備好迷你級目標以備不時之需。

在短短的一兩個小時內，你就可以重新調整計畫。善用早晨的時間，就在一天的開始做好準備。我保證，晨間計畫的達成度很高。而且，如果你受不了一整天毫無進展，那就一定會擠出時間執行計畫。不管今天行程怎麼更動，晨間計畫都會緊緊跟著你。

執行點的範例

我最喜歡全日執行點，只要在晚上睡覺前完成任務就好，比如用吉他彈一首歌。再來是晨間計畫。每天早上起床後，妥善擬定本日要完成的彈性目標，先選擇水平選項，再選擇難度。舉例來說，在上班前七點半到健身房，午餐時完成一次迷你級健康升級，下班後回家清潔廚房。這樣一天就完成了三個彈性習慣。

再來，你也可以在特定時段內完成目標，例如在下午三點到五點間去練習射箭。也可以選定確切的時間，比如在三點半時去花園澆水。或是根據既有習慣設定行動執行點，比如早上起床後馬上去運動。

通常一個習慣我們會設兩三個水平選項，所以我還是建議使用全日執行點，好讓你有足夠的自由，自行選擇每天最適合執行的時間與項目。你也可以為每個水平選項設下不同的執行時間，像上課鐘聲一樣分段執行。以我的運動彈性習慣為例，水平選項包括伏地挺身、跑步（或走路）以及上健身房。我可以在起床時做十下伏地挺身，午休時去散步十五分鐘，下班後再去健身房。

在這個例子裡，你可以看到，一整天的執行點很多，可供你完成好幾個彈性目標。再次強調，全日執行點是最好的方式，因為你可以評估狀況，自發性地選擇適合的目標。你不用一一查驗哪個時間最適合活動，只要你保持覺察，感覺時間對了，就可以找到最合適的機會。整體來說，全日執行其實操作上並不複雜。

全日執行點充滿彈性，沒有硬性的規定，它可比人體的肩膀關節，靈活又有力，但如果沒有適當地照料，很容易就會受傷。至於如何確保全日執行點運作順暢，你需要做出承諾，才能讓你的計畫平穩地執行下去。

做出承諾才能成功

想要培養好習慣，承諾非常重要。不論你選擇哪種策略，如果你沒有承諾要貫徹執行，一定會半途而廢。我每天都有執行自己的彈性計畫，無論成果大小，至少堅持下去，絕不中斷。我唯一能允許自己要賴的情況，就是生病和度假，在這種情況下我會暫停計畫。也許行有餘力我會加點做一點，但不勉強自己完成。

堅持到底並不容易。但現在你有彈性策略，怎麼做、何時執行以及要花多少力，全憑你做主，那樣要兌現承諾就很容易。三十天挑戰會那麼流行，是因為超過一個月大家就撐不下去了，更不要說以三年為挑戰目標了。

是否要做出承諾，真的很令人掙扎。他們不確定自己是否真的想堅持下去。以結婚為例，這是一輩子的承諾，結婚典禮也是一生中最幸福的日子。只有心甘情願下做出的承諾，才會令人開心。使用了彈性策略後，你就會發自內心地堅持下去。

彈性習慣太有趣了，令人不禁許下承諾要貫徹到底

我輕輕鬆鬆就許下承諾，一定要在生活中實踐彈性習慣。第一個原因是，彈性習慣很有趣，就像跟自己比賽一樣，可以用多種方式取得勝利。除了在追蹤表上打勾註記，每個成果有不同的難度，也都能帶來成就感。每十五天我就可以統計成績，給自己一點鼓勵。除此之外，彈性習慣就像可以無限接關的電玩遊戲一樣，只要你有參加，就可以一直玩下去。我的人生真的因為彈性習慣而有巨大的改變。其次，有了彈性習慣，我就可以隨時調整難度，轉成超級容易的模式也沒關係，時間長短也可以自己決定。有時我決定「放鬆一個月」，所以每天只完成三個迷你級的目標（加起來不用五分鐘）。只要多做一點，滿足感和自信心都會稍微增加。只要你每天參戰，彈性習慣就會越來越強大。現在我已經可以即時評估生活的各種狀

況，適時督促自己完成目標。

最後，彈性習慣會帶來莫大的成就感。你看過電影《金剛》吧？主角有時會一邊捶胸，一邊大聲嘶吼？坦白說，我也想跟讀者承認，有好幾次我達成目標後，真的興奮到捶胸嘶吼。那種感覺持續了好幾天。我現在知道菁英級目標的意義了，每次我達標時都非常興奮。

我以前發現自己有進步的時候，會覺得很開心，但現在是高興到跳起來。以前我覺得生活充滿動力，現在覺得自己就是一輛動力火車。行事曆上那個小小的菁英級註記，就是挑戰自我成功的動章。看著行事曆，就會想起這一路如何從無到有奮鬥的軌跡。其他的策略系統沒有這麼感性的一面，你可以透過彈性習慣寫下自己的成長勵志故事。你不用花太多時間記錄，就會看到一路來的成果還有進步，都清清楚楚地標註在行事曆中。

因此，如果你決定使用全日執行點，請貫徹到底，認真看待這個目標，務必每天都要取得成果。有時你一整天忙到沒辦法完成預定的計畫，別忘了拿出你的安全網，輕鬆達到迷你級目標，才能走得長遠。

公開你的練習成果

我推薦在家中找個地方，展示你培養習慣的進程。不需要再用那種私人練習日誌了，因為你的成果不是要存起來當祕密的。你的計畫是會失敗還是成功，就看你是否願意用公開的方式正視它。若你接受這個提案，那至少要公開兩項資訊，第一個是你的彈性習慣計畫表，第二個是每日執行的追蹤表。

不論你用哪種方式追蹤進度，你最好把彈性習慣計畫表貼在追蹤表旁邊。為什麼？標準的彈性計畫有九個選項，這樣可以方便查閱。

你的選項不只一個，而是有九種不同的健身活動及強度。你可以把表格畫大一點，有設計感一點，務必讓它簡明又好懂。

我有設計一些海報和追蹤表，讓你更知道如何運作彈性策略，你不一定要購買我的產品。你可以用家中找得到的素材發揮創意。你可以用 word 或 excel 製作表格，然後列印出來，或是買各種顏色的小卡，寫上你的彈性選項，再貼到牆上的九宮格裡。只要重新列印或寫在新的小卡就可以更換選項。我們來看看怎麼追蹤進度吧。

不要大小眼，就算是最簡單的成果也有意義

很多人追蹤進度的方式，就是在月曆上打勾或是畫叉叉，前者代表完成作業，後者代表失敗。但我們的達標條件有三個，所以需要三種不同的符號來標記。每個符號都有特別的意義，它代表不同級別的成果，無論你今日達成哪種目標，都值得獎勵，至少你有堅持不懈。因此這些符號能滿足心理上的需求。

既然每種成果都有各自的意義，我認為這三種符號的價值差異不要太大。有些人用鑽石來代表菁英級成果，用死魚代表迷你級成果，我認為這樣不是很妥當。兩種級別都有價值，都是你努力的成果！最後我會以我設計的追蹤表當作範例，告訴大家如何檢查進度。

用彩色的貼紙來代表不同等級的成果

有些人會用彩色貼紙來代表不同的彈性習慣。例如，藍色是多喝水，橘色是做家事。但我認為這樣就浪費彩色貼紙的用途。我們已經在表格上清楚列出彈性選項，上面也有寫字，不需要另外加上顏色了。彩色貼紙是用來標註不同等級的成果。

如果讀者有色盲問題，也許就辨識顏色的深淺就好，不過如果看得看吃力的話，可改用符號來代表不同等級的成果。如圖所示，我建議用線條簡單的幾何圖形來表示。貼紙可以一層層疊上去，幾何圖形也可以越塗越滿。這樣一來，若你今天的成果超出原先設定的目標（從迷你級跳到進階級或菁英級），就可以馬上更動成績。

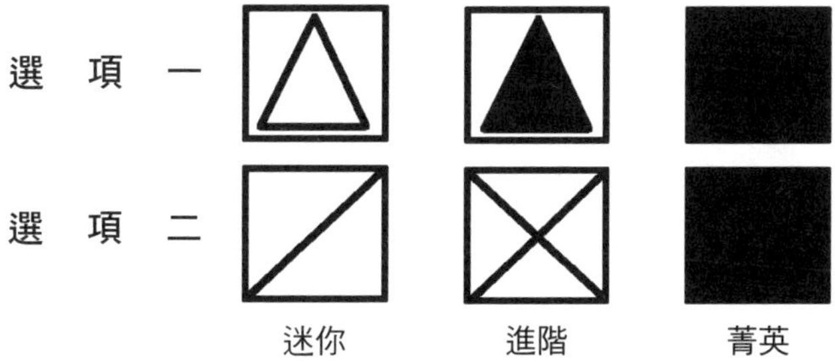

在minihabits.com可以買到我所設計的追蹤表和貼紙。我使用圓形的彩色小貼紙，完成一個項目後，就會貼在追蹤表上。綠色是迷你級、銀色是進階級，菁英級則是金色。貼紙的大小和形狀都一樣，代表每個級別的成果都有同等的價值和意義。

標記時要預留進步的空間

最好不要拿綠色的麥克筆塗滿格子代表迷你級成果，如果你今天意外達到菁英級的成果，那你就得想辦法塗掉。如果你是用水性麥克筆塗在塑膠板，那還擦得掉，但我覺得這樣太麻煩了。

使用貼紙的話，就可以直接把金色貼紙貼在綠色貼紙上面。同樣地，先畫出線條簡單的幾何圖形，當成果出乎意料時，就可以分階段塗滿。舉例來說，達成迷你級目標時，先畫上三角形，稍後達成進階級成果時，就把三角形塗滿，意外挑戰菁英級成功的話，便把三角形塗成正方形。

不論用哪種標記法，重點在於可以累加成績，因為這樣才有空間取得意料之外的成果。我跟你保證，那時你會覺得備受鼓舞而且很開心。

如果你用一般月曆的話，就在每天欄位的四個角落貼貼紙來代表今天的目標。例如，健身貼在左上，閱讀放右上，然後做家事在放在右下。雖然沒有比我設計的追蹤表清楚，也缺少了計分功能（這一點會在附錄說明），但優點就是方便，既知道日期也可看到行事曆。

要追蹤彈性計畫非常簡單，每天只要花二十秒，用貼紙填滿三個彈性選項的欄位，就是這麼簡單好操作。

用智慧型手機來追蹤進度

將來有資金與時間的話，我也許會開發一個App，以便追蹤彈性計畫的進度。不過就我個人的角度來看，比起使用3C產品，我認為拿筆畫在表格上比較好。

我們腦袋被各式各樣的念頭佔滿，手機裡也滿滿都是爭奇鬥豔的App。智慧型手機功能多又好攜帶，卻很容易讓我們分心。每次我要用手機裡面的App來追蹤彈性計畫，就會忍不住分心做別的事，但用紙本月曆就沒有這問題。你每天都看得到它，不會被淹沒在數位世界中。在我還沒設計追蹤表前，光用月曆就帶來顯著的成果。因此我絕不會忘記每天該完成的進度，也會定期取得菁英級的成果。

我也知道，科技發達，現代人很難脫離網路和3C產品。正因如此，我們更要懂得暫時離開虛擬世界，在真實生活中培養好習慣。親手翻閱月曆與追蹤表，不只能感受到紙本的溫度與厚度，讓人心滿意足。看到成果時，也會更加相信自己真的脫胎換骨了。正如每個人都還是會想拿到紙本的畢業證書。

此外，我沒有辦法用手機App培養彈性習慣，有另外一個原因是，這些App只適用於傳統的習慣養成法。截至目前為止，像彈性策略這麼多變的方案，市面上還沒有一款App可以列出水平以及垂直選項。很難用一般的時間管理App來執行彈性方案，不過你想試試看的話也未嘗不可。

這方面有任何問題或建議的話，請寄電子郵件至stephen@minihabits.com。

計分也是不錯的追蹤方法

既然有三種級別的達標條件，所以你可以用不同的方式來追蹤進度。在大多數的目標系統中，只能勾選「是」或「否」來標記自己的成果。但現在，你可以更具體標示出每個選項的成果。彈性策略跟其他策略一樣，都是為了讓大家每天完成理想的進度。但是你一定會發現，改用彈性策略後，進步的幅度變大了。

使用我設計的追蹤進度表，不會花掉你更多的時間與精力。你願意的話，也是可以用計分的方式來追蹤彈性習慣，但這不是硬性規定，你也可以只記錄成果就好。

簡單好操作

讀到這裡，有的人會覺得彈性策略很複雜。不過我花了這麼多篇幅，是在解釋這個策略背後的運作機制，才會讓讀者覺得有難度。電腦的運作原理以及軟體硬體的設計過程都很複雜，但是很容易操作，一般人不需要專業的指導，就懂得使用許多強大的功能。重點是，以我們目前討論到的架構來看，每天只需要花二十秒就可以執行彈性計畫！這個策略在實際執行時其實不用花費太多腦力。因此：

一、你可以一次培養三個習慣。
二、每個習慣都有三個水平選項，每個選項有三種難度。自我評估後再選擇要執行的項目。
三、只需要在晚上睡覺前完成所有的既定目標，或是為某些選項設下執行點。
四、公開展示你的進度表。我設計了一些表格，讓你更容易記錄自己的成長。透過「習慣海報」，你能一眼就看到當年要執行的項目以及達標條件。有了「追蹤月曆」，記錄進度就變得有趣了。

彈性策略真的是當前最簡單、最有成效的方法。選擇好想培養的習慣，再找出水平選項，再設定垂直選項，準備好進度追蹤表，就可以開始執行了！你每天起來，就先看著你的習慣海報，決定要執行哪個項目以及強度，之後在追蹤表上標記自己達到的成果。每執行一個選項後，我就會馬上做記號；你也可以在晚上睡覺前或隔天早上再起來整理。

要維持你的彈性計畫，你要做的事很簡單，每天在九個格子裡貼貼紙或畫圖案就好。這個追蹤表讓你腦中有個清晰的架構，幫助你穩定地執行計畫，充分利用每一天。最重要的是，進度都在你的掌握內，你是以最適合自己的步調在追求成長。沒有人會強迫你去追求目標，什麼時候要取得菁英級成果，全憑你的自由意志。

至於什麼時候要放慢腳步，取得迷你級的成果，也是你自己決定就好。每個人的狀況都不一樣，所以你不必給自己壓力。彈性策略能符合每個人獨特的生活樣貌。

簡而言之，彈性策略與一般的習慣養成法差不多，唯一的差別在於，你有很多方式可以達成目標，而且各有所長。此外，它的達標條件也多，你有更多機會能取得成果。每天都有不同的成果可期待，所以你絕不會感到無聊而堅持不下去。下一章我們會討論更高階的策略，確保你每一天都取得豐碩的成果。

*小結

經過長時間的思考、實驗與研究，我才發明出這個策略。不過它執行起來簡單又沒有壓力，而且還很有效，短期內就能看到成果。你每天花不到一分鐘的時間就可以追蹤進度。在這麼多優點吸引下，你不僅每天取得各種成果，還得到強大的滿足感。

第十章
多樣化的彈性策略，就像玩遊戲一樣

「設計的第一個步驟就是找到需求。」

——美國家具設計大師伊默斯（Charles Eames）

接下來的策略不是硬性規定，它們是更複雜的彈性策略，是更高階的習慣養成法。若個人的情況特殊，需要更特別的彈性策略，就可以參考看看。

以不同難度的行為編成組合方案

垂直選項可以有許多變化組合，宛如遊戲一般。通常我們是以同一個行為相連的難易度作為垂直選項的標準。舉例來說：

❖ 寫作：五十字、五百字、一千五百字。
❖ 運動：伏地挺身五下、三十下、一百下。

依照彈性策略的基本設定，若你能重複執行某個強度的行為，那就有機會晉級。而水平選項是不同行為，但我們也可以擬定組合方案，把它們納入垂直選項。以清潔廚房為例。每天做菜都會進廚房，所以你可以為它擬定組合方案。要取得菁英級成果，你必須完成三個行為；若做到其中一項，就算是迷你級成果：

❖ 迷你：洗好碗盤、沖洗水槽。
❖ 進階：擦拭與清潔流理臺。
❖ 高階：把廚房地板拖得一乾二淨。

水槽是廚房的核心區域，如果碗盤沒洗、水槽油膩膩，就很難在廚房做事。因此，水槽是你清潔廚房的第一戰場。進階級的目標是清潔流理臺然後擦拭乾淨，而高階目標則是把地板拖乾淨。

再以運動為例（不過，運動項目很多，這只是其中一種組合）：

❖ 迷你：兩分鐘伸展。

❖ 進階：十分鐘熱身操。

❖ 高階：十分鐘核心訓練操。

這一組方案要按照強度依序執行，但就算中途停下來，還是能達到運動效果。你先伸展兩分鐘，再來繼續伸展並且稍微活動一下，達成高階目標時，你至少已經運動了二十分鐘。

組合方案的高階目標跟一般彈性策略不一樣，難度要低一點，因為一次要執行三個動作，要考慮到前面已耗費的心力。

以彈吉他為例：

❖ 迷你：練和弦一分鐘。

❖ 進階：練一首歌十五分鐘。

❖ 高階：讀樂理十五分鐘。

當你完成高階目標時，總共就投入了三十一分鐘，因為你執行了從簡單到難的所有動作。

以省錢習慣為例：

❖ 迷你：在家泡咖啡。
❖ 進階：午餐吃自己準備的便當。
❖ 高階：回家煮晚餐。

以練習演講為例：

❖ 迷你：練習橫膈膜呼吸法三分鐘。
❖ 進階：唸繞口令五分鐘或重覆二十次。
❖ 高階：排演兩分鐘的演講五次。

想成為成功的演講者，需要鍛練各種技能，這時組合方案就能派上用場。你先用橫膈膜呼吸法來增強肺活量，繞口令則有助於口齒清晰，最後實際排演幾次，訓練一下臺風。

不用依照順序執行的混合方案

組合方案得依序執行，而混合方案就沒有這層限制。那何謂混合方案？以做家事為例，當中包含組合方案、混合方案、還有一般的垂直選項。

做家事

活動類型	清潔廚房（組合方案）	快速整理	斷捨離	大掃除（混合方案或組合方案）
迷你	洗碗盤和清理水槽	一個房間	一分鐘	拿吸塵器吸地板
進階	擦拭與清潔流理臺	兩個房間	十分鐘	撣灰塵
高階	把廚房地板拖得一乾二淨	三個房間	三十分鐘	刷洗浴室

看起來選項很多，但每天只要簡單做幾項就好。先選擇活動類型，看家中哪方面最需要整理，然後從那一欄的選項開始執行。

第一欄清潔廚房是組合方案，必須依照順序執行，才可以達成菁英級目標。最後一欄大掃除可同時當成組合方案或混合方案，任何一個選項都可以當成迷你級的目標。

只要靈活運用混合方案或組合習慣，就可以搭配各種活動，以符合個人的特殊需求。你在設計做家事的計畫時，可以排入不同種類、難度的清潔活動，以符合你家中的環境需求。

有了組合方案，彈性習慣就有新的架構。你可以發揮創意，想出各種搭配方式，讓你可以打造專屬的方案。你的組合方案甚至可以有三個以上的活動選項。

習慣池

要安排組合習慣或是混合習慣，就像是從習慣池中逐一撈出可行的選項。我們也可以在習慣池中放入六個組合習慣的選項，每完成一個行為就代表晉級。

習慣池的重點在於，每個選項的難度要差不多。就我的看法是，難度大概設定為中下，因為完成後就能晉級，所以不要太簡單也不要太難。

舉例而言，運動習慣池可以這樣設定：伏地挺身十五下、引體向上二十下、開合跳三十下、徒手深蹲三十下、慢跑兩千公尺、伸展十分鐘。完成其中一項就算是迷你級成果、兩項是進階級的成果、三項就是菁英！

可培養紀律的彈性課表

按照順序完成一系列的行為，稱之為彈性課表。不過它跟一般的訓練課表不同，因為你可根據今天的心情、力氣以及空閒時間，選擇今天課表的強度（迷你、進階、菁英）。選定課表後就不能替換其中的選項，因為順序預先已經排好了。

彈性課表最多包含五個行為。我擬定了一個晨間課表，每個難度包含四個行為。早上最適合用來按表操課，當然午休或睡前也可以。

晨間課表

操作順序	第一步	第二步	第三步	第四步
迷你	一下伏地挺身	五下徒手深蹲	一個瑜珈姿勢	刷牙

進階	十下伏地挺身	二十五下徒手深蹲	三個瑜珈姿勢	刷牙並用牙線
菁英	三十下伏地挺身	五十下徒手深蹲	五個瑜珈姿勢	刷牙並用牙線

先看看迷你級課表的活動，包括伏地挺身、徒手深蹲、瑜珈姿勢還有刷牙。也可以改為其他的晨間活動，包括沖澡、按摩、寫作、閱讀、做早餐、排行事曆、冥想、運動、做午餐便當、回電子郵件或是在某個時間點前起床。

彈性課表跟組合方案的不同之處在於，選定課表的強度後，每個行為都必須全部完成；而組合習慣完成一部分就好。彈性課表執行起來困難許多，要完成的行為也更多。但是這種方法值得一試，依序操作有它的優點，流程很明白。彈性課表的好處在於，你可以依照每天的情況變更強度。舉例來說，如果早上的時間不夠，快速完成迷你級的課表就好。

既然彈性課表可以有許多行為選項，所以你也可以在一個課表中，放入兩個要培養的彈性習慣。不過，我認為要培養的習慣不要超過三個，所以一個課表中有兩個彈性習慣，最多再另外加一個彈性習慣就好。然而，這還是取決於你想實現的目標還有課表的難度。課表要依序完成，所以中間不太會有休息時間。制定一個彈性課表不難，選出三到五個執行選項就好。就跟擬定單一的彈性計畫一樣簡單。凡事起頭難，但只要設定好課表，自然就會有前進的動力，幫助你實現想要的目標。

早起的鳥兒有蟲吃

再來，你也可以為彈性課表設下執行點。不過這裡就不考慮用全日執行點，因為當中包含有三到五個行為，即便是迷你級的課表，也要花一點力氣才能完成。彈性課表的規定比較嚴格一點。而一般的彈性計畫之所以有效，是因為你可以在狀況好的時候挑戰大目標，狀況差的時候選擇迷你級目標。但是包括彈性課表在內，複合式的彈性方案需要更周詳的計畫，才有辦法每天執行，即使是迷你級成果也是一樣。因此，要成功觸發課表中的第一個操作項目，就要慎選時間執行點或是行動執行點。

晨間課表的執行點最好記，就是在起床後。這個執行點非常固定，連想都不用想！這也是為什麼早晨是執行課表最理想的時間。早上起來，就先做一些有助於成長、培養自信的活動，我相信一整天的感覺會大大不同。不管日子過得匆忙、悠閒或壓力沉重，你都能透過彈性課表建立自我價值感！

不管你選擇的是迷你級、進階級或是菁英級課表，都要依序完成課表裡的活動，才算達標。你也可以使用組合習慣當作晨間課表，這樣就不用執行所有選項。

不要一再變更計畫，否則就看不出它的成效

各大成功企業都會統計各種數據，以便改善製作程序、產品走向以及售後服務。你也可以用同樣的方式來改善你的彈性計畫！統計並追蹤你的進度後，再試著調整架構，看看有沒有顯著的改善。不過，只有在兩種情況下，才有需要改變目標：

❖ 統計成果與預期目標落差太大。
❖ 到第十五天或是月底。

此外，計畫執行兩週（或一個月）後再來檢討，才有一致的評估標準。否則有時評估一週的表現，有時評估三天的表現，就很難判斷計畫是否有效。維持相同的目標，就可以知道自己在那段期間的成長幅度。

當然你也可以利用計畫開啟後的前兩週進行各種測試，頻繁地調整目標，以了

解自己興趣和屬性。不過，如果你很好奇當前的方案成效如何，那就等到十五天結束之後再更換吧。

挑戰極限是好事，但避免落入全盤皆輸的陷阱

在執行彈性計畫時，也可以用到「衝刺」的概念。這個詞可以用在跑步、游泳等運動項目，其他領域也很適用，那如何應用在彈性策略呢？

時下最流行的「衝刺」計畫，就是各式各樣的三十天挑戰，用最激烈的方式在一個月內改造自己。當然，偶爾做個生活實驗，挑戰一下極限，並沒有什麼壞處。不過想要徹底改變自己，三十天挑戰不是一種聰明的方法。為何是以三十天為標準，其實沒有科學根據，只是方便好記。自我挑戰當然比耍廢好，但總是要選用聰明理性的方法。

主要的問題在於，既然要衝刺，那就一定會有終點。達到目標之後，還要做什麼？當然要好好休息一番！所以過不了多久，我們就會打回原形。衝刺計畫結束之後，我們很少再排定下一階段的計畫，我不禁想到一句很有智慧的格言：「如果做事沒有計畫，就是等著迎接失敗。」

彈性策略的獨特之處在於，目標可以一直延伸下去，就算你想要衝刺一下，也不會影響整個習慣養成計畫的架構。更重要的是，衝到終點線後，你也早就準備好下一個目標，也就是其他的彈性選項。即使衝刺過程不順利，必須中途放棄行動，你也有備案可以因應。你永遠都有張安全網——「今天只選迷你級的目標就好」。不論如何，你不會錯過每一天。

為了增加趣味性，過程中你可以隨時發起衝刺計畫。但我認為挑戰天數不要超過十五天，主要是因為我們每兩週就要做一次自我評估。在彈性策略中執行衝刺計畫還有一個好處是，我們有個計分系統可以記錄並且獎勵你的成果。舉例來說：

- ❖ 狂飆三日：連續三天，每天取得所有的菁英級成果。
- ❖ 完美一週：連續七天，每天至少取得一個菁英級成果。
- ❖ 毅力過人：連續十五天，每天至少取得一個進階級的成果。

你可以設計各種挑戰計畫，別忘了它們還是屬於彈性策略的一部分，所以你每天至少還是要取得一個迷你級的成果。不要因為衝刺失敗而中止計畫，否則你很容易會失去幹勁，又掉入全有或全無的二分法陷阱。最後，你就會放棄培養習慣和追求目標。所以要記得取得迷你級成果以維持動能，重整旗鼓後再挑戰衝刺計畫。

在彈性計畫內展開衝刺行動，最大的優點在於，你在挑戰自我的同時，不會顧此失彼、亂了原先的腳步。就算有幾天挑戰失敗，你都還是能在睡覺前執行迷你級選項，避免這段時間真的一事無成，否則就得不償失了。你不會落入全有或全無的矛盾僵局，既可以勇敢挑戰自我，就算沒達成目標，也有張巨大的安全網可以接住你。

從滑雪得到的啟發

三十歲出頭時，我去嘗試單板滑雪，那時我才知道自己的臀部一點都不靈活。這當然是很大的問題，我學得很吃力。於是我換成雙板滑雪，有人說那比較簡單——後來我相信那個人是騙我的。

我們那個滑雪團有十個人，各自練習，有時候會一起往下滑。但畢竟我是新手，最大的問題就是不會煞車。我發現，不論用什麼姿勢、角度，每次往下滑都會全速衝刺，越想煞車，就會滑得更快，一下子就超越身邊的人。感覺就像有人惡作劇，在我滑雪板上黏上了強力磁鐵，被山丘底部的超級磁鐵吸過去。

我的雙腿就像壞掉的門一樣，不自主地開開合合。我打算煞車，卻把雙板靠攏，而且雪杖入雪的深度不夠，產生不了任何磨擦力。看過冬季奧運吧？滑雪好手只有加速的時候才會把雙板靠攏，唉，但我是無心插柳才不斷往前衝啊！

我像是個失控的飛彈一樣，高速往終點飆去，有時我會故意臥倒，以免撞到別人。搞不好我會撞斷一顆樹呢！

我有個雪友，他之前就玩過好幾次單板滑雪。有一次他跟著我往下滑，就看到我跌個四腳朝天。到達坡底的時候，滑雪玩家需要減速，然後滑向右邊抵達纜車處再回到山上。幸好在下坡道上有一條橫亙的碎石區，它能強迫你「減速」。但不知為何，卡在碎石區的感覺比起一路滑下山還糟。

朋友要我緩緩走出碎石區，然後從平緩的坡道滑到纜車搭乘處。他看了我滑雪的姿勢，想找出我為何我煞車有問題，他要我大腿繃緊用力，然後把滑雪板排成倒V的形狀，就像一片披薩的那樣，可是我一直做不太起來。

接下來的發展保證真人真事。在平緩坡道我的速度還是降不下來，仆街了好幾次。看見旁邊小朋友輕輕鬆鬆地割雪滑行，我感到非常挫折，於是大吼：「為什麼這裡只有我一個人慢不下來？」我指著旁邊正要往下滑的路人說：「你看，那位老兄滑得多輕鬆啊！」我和朋友兩人看著這個男人全速前進，沒有一絲慢下來的跡象。接下來他就撞進了恐怖的碎石區，整個人向前撲倒，好像在演喜劇一樣。「好吧，我判斷錯誤。」說完，我們兩人都笑了。

幸好那位老兄沒有大礙，不過這是我遇過最好笑的事情，因為我隨便找個路人來說明煞車有多麼容易。說真的，我比那位老兄厲害多了，至少我不會撞進碎石區，而是先優雅地跌到雪地裡。

在平穩的安全區學好技巧再出發

我朋友真是個好人，不光是陪我在無聊的纜車區待了四十五分鐘，還不斷提醒我訣竅。最後總算有了重大突破！我找到方法用滑雪板的內側割雪，成功把速度降下來了。

雖然還不夠完美，但是至少有進步。這趟滑雪之旅總算是充滿歡笑和趣味，而不是在玩命。由此我得到了珍貴的教訓，在一個安全的環境下，我們才能不斷實驗與學習，也才有機會成長。一開始我只知道從山頂往下滑，操控技巧生疏、速度又太快，只能一再跌倒重來，於是沒什麼進步。幸虧有朋友的鼓勵，教我在安全的緩坡區慢慢練習。這麼一來，我就不用一心想著要怎麼保命，而是專心在練習滑雪技巧，最後才有突破性的成長。

同樣地，彈性習慣不是一種強硬的學習方針，你不是每次都要達標不可。這不光對初學者很友善，同時也是絕佳的跳板，讓你的程度可以更上一層樓。彈性習慣也沒有設定懲罰機制，讓你跌落到碎石區。這種策略給人穩定的安全感，不論你怎麼嘗試、得到什麼結果，都能得到鼓勵與成就感。

在安全的環境中，學習效果才好

很少有一個策略能提供這麼多的安全感與鼓勵。大部分的學習策略都在教導你要咬緊牙關撐下去，時時刻刻記得教誨，沒有藉口、務必要達成目標。理論上是沒錯，但問題在於，人生無常，總是會有那麼幾天遇到水逆。

想要變得更厲害，不是靠蠻力硬幹就好，而是要有聰明的訓練方法，才能有效地取得成果。當然，有一些人天生神力，可以用土法煉鋼的訓練方式督促自己前進。但大多數人都不喜歡為難自己，也沒有那麼強大的意志力，畢竟我們是熱愛自由的人類。因此，訓練方法一定要很多元。

在一個安全的學習系統中，你不只能得到鼓勵，還可以用自己的方式進行訓練，不用放棄自主性還有自由。以我滑雪的例子來看，在高速下滑的過程中，我沒辦法專心學習，還不斷跌倒，我差點就放棄滑雪這個活動。在那樣的環境之下，學習的效果非常差。

但是到了緩坡之後，就可以用超慢的速度滑行，我心情變得輕鬆許多，就像孩子一樣開心。雖然在緩坡被朋友扶著有些難為情，但這讓我可以專注在技巧上，盡情練習，不用擔心撞到周圍的小朋友，或是衝進神祕又雪花紛飛的森林裡。[1]

＊小結

你可以發揮創意，根據彈性習慣的原理與原則，規劃層次更複雜的彈性課表與方案。

第十一章 運用彈性習慣充實每一天

「聽到大道理，很多人都會點頭稱是，聽完後能否做到又是另一回事……說得好聽不如做得漂亮。」

——班傑明・富蘭克林

我的運動彈性習慣有四個水平選項：伏地挺身、上健身房、其他項目做一分鐘，或是到附近的公園繞繞。在公園時，我可以用走的、用衝的，也可以慢慢跑，哪種速度都可以，只要完成一定的距離就算達標。公園一圈是四百公尺，所以一圈得到迷你級，三圈得到進階級，跑完六圈是菁英級。

每天都完成最低門檻的目標，就是不敗的常勝軍

有一天我心情不太好，打算跑三圈取得進階級成果就好。前一天我用快走的方

式完成目標。這一次我打算全程三圈都用跑的。我做到了，不過當天很熱，氣溫超過三十二度，所以我決定再走一圈降降溫，我一邊喝水，一邊欣賞公園的風景。

第四圈完成之後，總算擺脫了慵懶的心情，我繼續欣賞公園的寧靜風光。那時我理解到，即使在低潮的日子，我也可以自我鼓勵來繼續前進，所以我決定再多走兩圈，準備達成菁英級的六圈成果。

附帶一提，完成迷你級或進階級的目標後，我們會在追蹤表上註記。但這不代表任務終止。到上床睡前，你都還可以繼續挑戰目標。我每天會先設定要達到的目標成果，但有時候會心血來潮對自己說：「我可以做得更好！」

到了第五圈的時候，天空開始下起雨來。大雨滂沱，公園的遊客紛紛離開，但我留了下來，因為還有一圈沒完成。這樣一定會全身溼透，但我覺得很痛快。這場雨宛如生命中各種艱難的挑戰，即便如此我仍不斷前進。完成菁英級的目標後，我的心情就像贏得奧運金牌一樣，是人生真正的贏家。

如果沒有運用彈性策略，我一定會被這場雨破壞心情。我大概會索性回家，心想著：「好不容易出來跑步，卻被大雨打斷計畫。」但只要再跑一圈就能達到高標，所以這場雨不算什麼，即使心裡覺得有點討厭，但它根本不是我的對手，根本阻擋不了我的意志。我大笑發出聲來，並且高舉雙手，就像抵達終點線的跑者一樣完成我的第六圈（幸好公園都沒人了，不會看到這個瘋子）。

在滂沱大雨中，我覺得自己像是電影中的主角，這種心情大家都懂。電影裡一定有個大魔王，用盡各種手段使壞，主角一定得費盡千辛萬苦，才能實現夢想。他活下來之後，世界終於變回和平的原樣，他重返事業，也找到自己的幸福。

只要有挑戰目標，你就會變成電影中的主角，要一一擊倒路途上出現的對手。完成第五圈後，我準備挑戰第六圈，取得我的菁英級成果。但這時我沒有出現負面的想法，認為這場雨就是特別來澆熄我的熱情，破壞我的健身計畫。相反地，我把它當成挑戰目標，只要轉換心境，就會覺得它是助力而不是阻力。

幸好我有彈性策略，所以我能用不同的角度看待自己的行為。那場雨讓我的人生更加精彩，讓我對自己的奮戰精神更加自豪。只要你靈活運用彈性策略，照自己的心意選定每日目標，就會得到這種神奇的體驗。我的生活就是充滿這麼多的驚喜。每天穩定取得迷你級的成果，有時我們會突然暴衝，做得比預期還多，那種驚喜的感覺真的非常有趣。

我在《驚人習慣力》中提出的小習慣策略非常有趣，但彈性策略更加多采多姿，像遊戲一樣新奇又好玩。這個策略能有許多獎勵機制，讓你願意堅持下去。統計成績之後，如果有豐碩的成果，你也可以去慶祝一下。若想達成特定的成果，你也可以微調計畫。這感覺很棒，不管哪時下雨，我都有應對的方案。

下定決心，每天都要完成預定的運動項目，並在追蹤表上註記。這就是我能在大雨中奔跑的祕密。不需要設下艱困高遠的目標，也不用犧牲自己，在十秒內完成三下伏地挺身也算達標。

彈性策略既聰明又有效。我像是個不敗的勇者，每天都有取得成果。每個教練都希望打造出常勝軍，但得做好充分準備，妥善運用策略，這樣的球隊才會強大。同樣的道理也適用在我們身上。

透過彈性策略，你就能隨時保持優勢。有這麼多吸引人的水平與垂直選項，讓你擁有選擇的自由。而且它還提供培養意志力的絕招——迷你級選項，無論颳風或下雨，你都沒有放棄的理由。只要你每天都付諸行動，至少達到迷你級的目標，就是個常勝軍。你的人生就會只有兩個結果：成功，或是非常成功。

不管成果有多小，不要放棄任何一天

千萬不要低估微不足道的迷你級目標，否則你一定會得不償失。我寫了三本書，主要都在探討，每天取得些微的成果，對生活有極大的助益。在彈性計畫中，迷你級目標最為渺小，無法像菁英目標一樣，吸引人們的注意與渴望。

但別搞錯了，迷你級目標看起來毫無分量，卻是整個計畫的關鍵。你能一再取得菁英級成果，是因為你不時安排養精蓄銳的日子，只取得迷你級成果。所以千萬不要覺得它微不足道，迷你級目標正是成功大道上的基石。

有完美主義的人，只想要取得優異成果。但我要特別澄清一下，彈性策略最厲害的地方，不是它所涵蓋的菁英級目標，那只是次要的評分標準。就像上課一樣，你最重要的評分標準是出席率，你每天正常到校，就滿足最基本的要求。

因此，有時你得放過自己，滿足於完成所有的迷你級目標就好。生活難免會有幾天犯水逆，速速取得迷你級成果才是明智之舉。只要你能適時放鬆，不用花費太多力氣，今天也會有滿滿的收穫。久而久知，你就會看到彈性習慣的驚人成果。

絕不誇張，使用彈性策略失敗的人，都是過於輕視迷你級目標的重要性。他們的進度追蹤表上常常有好幾天一片空白，最後就會索性完全放棄。

彈性習慣的最大優點在於因時制宜，因為達標的條件很寬鬆，所以你不需要強迫自己，只要舉手之勞就能完成今日作業。彈性就是懂得保持靈活的態度，特別是在壓力大的情況下。所以千萬不可小看迷你級習慣，它有助於維持每日的動能，也就是所謂的「千里之行，始於足下」。

追求目標時，要多管齊下，心態變得柔韌，才能能承受生命帶來的各種重擊。

當然，大家都想要追求遠大的目標，每個人都有自己的願景。不過，你不妨試試看，今天只完成最低門檻的迷你級目標，就能體會到，既然有長遠的目標，那不如有時放鬆一下，少做一點不會死。

每天都要取得進階級或是菁英級成果，會讓人壓力山大。放過自己吧！要保持完全的彈性，讓自己擁有各種行動選項，才能真正跨越撞牆期，進而成長茁壯。

相信我，只有完成迷你級的目標，絕對是好事，可以讓你養成終身都不中斷的習慣。很多人懷抱熱血完成三十天挑戰後，就會馬上在第三十一天擺爛，象徵自己重獲自由。相反地，彈性習慣可以維持好幾十年。這個策略有許多調整方式，能符合你的各種需要，不管你心血來潮想做什麼，都可以達成，是個終身學習的好工具！

休假時適時調整彈性計畫

休假的時候，總是想體驗一些平常不會經歷到的事情。所以要調整一下習慣計畫，放長假的時候也能輕鬆執行。

這個決定沒有絕對的對錯，尤其是出國旅行的時候，我就會暫時放下彈性計畫。接下來我列出一些放假時的調整方式，越後面越寬鬆：

❖ 休假時也要嚴格執行彈性計畫。
❖ 調整目標難度，旅途中也能輕鬆執行，迷你級目標這時就能派上用場。
❖ 出遠門時中斷計畫，但在家休息時就繼續執行。
❖ 每一年給自己一些時間，不用執行計畫，隨心所欲使用這些時光。
❖ 休假時不管是否在家，都不執行彈性計畫。

我也有設計旅行專用的進度追蹤表，大小跟一般名片差不多，在生活忙碌時也可使用。

放假的時候，當然可以繼續執行彈性計畫，端看你想達成的目標和生活風格。不論你的決定為何，只要有提前準備就好，如果假期一來你沒有備案，就很容易不知所措。

放假前提前完成目標

如果你排定好假期，就可以跟自己約法三章，旅行前幾天多做一點，旅程中就可以放鬆。舉例來說，出國時沒辦法做家事，就可以在前幾天把家裡打掃乾淨。先完成今天預定的目標，再分段補齊休假那幾天沒做到的。你可以進行馬拉松式的打掃，假期中做不到的分量一次完成。

以閱讀或寫作來說，你就可以在旅行前多讀一點、多寫一點。基本上計畫應該是要每天執行，這樣才能重新設定腦部迴路而形成習慣。但是，不過我們要對彈性策略有信心，我們在休假前已經累積夠多成果了，所以一段時間沒執行並不會退步，等旅程結束後再繼續完成計畫。

接下來我們要談到計分系統。我放了四天的假，但我不想在那幾天沒有成績。

所以在出國前幾天，我多做了幾個迷你級目標。這樣整個月加總評估下來，成績維持平盤，我就放心了。旅遊時可以盡情地去玩。

每天可以採用的創意攻略法

如果你選擇全日執行點來執行彈性習慣，這邊有一些不錯的方法，也許你也已經試過了。以下是這些方法的基本概念。

首先是「突襲法」，也就是快速完成所有迷你級的目標，這樣就無後顧之憂了。再來，也可以在一天結束之前，挑戰一下進階級的成果。不過還是不要太得意，不可以有做完就撒手不管的心態。最好不要看總成果，而是個別檢視每個行動。

如果你預見一整天會很忙碌，找不出空檔可以執行彈性習慣。運用突襲法，就可以一次達標，之後有時間和精力再來煩惱要不要多做一點。

接下來是「隨機應變法」，只要有機會就做，等公車時用手機看文章、午休時在茶水間做兩下伏地挺身、找到安靜的地方就開始冥想。除非需要特殊的器材，不然想到就去執行。需要特定條件的選項，就在狀況允許時再去執行就好。

「循序漸進法」，我跟許多人一樣，都喜歡按照順序做事情。一次專注在某個難度等級的目標，達標後再進到下一個活動。我傾向先完成寫作和運動目標，到晚上才是閱讀。

最後一種方法，就是排定行程表，你可以在某幾天選定特殊的時間，來執行你的選項。

以上這些方法都是我常用的策略，僅供參考。

評估今天的身心狀況

每天要挑戰哪個難度的選項，就看你每日的情況就好。你可以試試下面的方法來評估現實的情況。首先，請為自己評分：

❖ 精力：一到十分。
❖ 空閒時間：一到十分。
❖ 執行習慣的欲望：一到十分。

得出三個分數之後加總起來，超過二十分的話，就可以挑戰菁英級的目標。在十四分以上可以挑戰進階級，否則做迷你級就好。

「十八啦」，用骰子決定命運

這個方法也很好玩，準備一顆骰子，先挑出準備挑戰的習慣。或是先擲三次，各自分配到三個目標。玩法如下：

- ❖ 一或二：迷你級。
- ❖ 三或四：進階級。
- ❖ 五或六：菁英級。

骰出來的結果就一定要做到。我這邊還有更有趣的玩法，如下：

- ❖ 骰到一：迷你級加上額外獎勵（吃零食、看電影等）。
- ❖ 骰到二：迷你級。
- ❖ 骰到三：進階級。

❖ 骰到四：進階級。
❖ 骰到五：菁英級。
❖ 骰到六：菁英級加上額外獎勵（吃零食、看電影等）。

把擲骰子的結果融合到你的日常生活，並適時給自己一些獎勵，執行過程就會更有趣。賭博這種不健康的嗜好會讓人沉迷，就是因為結果很難預測，我們可以用同樣的道理來設計彈性計畫。

培養習慣時，一開始要付出許多心力，所以先要建立正確的觀念。有的人可以跑步超過兩個小時，身體累到不行，但還是很期待下次去跑步，因為跑步對他來說非常有趣。彈性計畫很有趣，再加上多樣化的目標，讓我們有多元的進步空間。

壞習慣總是會不自覺地慢慢養成

在風雨交加的黑夜裡，總是令人感到孤寂，我們難免會想：「今晚的氣氛這麼詭異，不如來吃碗泡麵好了。」這個理由很莫名其妙吧？不過吃垃圾食物需要理由嗎？

人們總是會找藉口破戒，但問題是，這樣就會破壞準備達成的目標。下面這些理由很常見：

❖ 我再賭一百美元就好。
❖ 今天是兒童節，飯後我不吃水果，要來兩球冰淇淋。
❖ 今天太忙不去跑步了，明天繼續。
❖ 難得跟朋友聚會，喝個兩杯沒關係。
❖ 我每天早上都有去運動，偶爾吃個甜甜圈應該沒關係。

破戒一兩次當然沒關係，不會影響到整體進度，你不會因為吃了一塊甜甜圈就少了一塊腹肌。不過，在潛意識的驅動下，我們很容易就堅守不了防線，把好習慣拋在腦後，讓壞習慣變成常態。假如你一個星期有三天在餐後找理由吃點心，那就不是例外了，而是吃甜食的壞習慣慢慢回來了。抽菸的人在一開始時也沒打算成為老菸槍，總是跟自己說：「只是抽一兩根，沒關係的。」最後就變成癮君子了。

破例做點好事

破戒通常會給生活帶來不良的影響，但我們也可以換個角度去想。把破戒看成「偶爾做點好事」，這樣就有助於我們做出正向的決定。以下是「偶爾做好事」的範例：

❖ 今天好累喔，通常這時躺在沙發最舒服。不過現在就來做兩下深蹲吧？再來開合跳十下。

❖ 飯後來個蛋糕最棒了，不過今天唐老師說吃水果比較好，我破例吃一次吧。

❖ 吃飽飯看電視最棒了，可以好好放鬆一下。不過今天月亮好圓，破例去外面散步好了。

❖ 氣死我了，真想把他痛打一頓。不過今天我生日，破例去做幾次深呼吸，不管那個爛人。

「就這一次」的力量

在上述例子中，我們都是說服自己「就這一次」。由此可知，文字會不知不覺給人暗示的效果。這句話感覺上隨性、輕鬆又無負擔，所以銷售人員也很常這麼說：「就這一次，只有今天，不沾鍋一隻九百九十九元就好！」

培養好習慣的時候，我們也可以對自己說「就這一次」，這樣很有成就感，因為打破了自己的慣常模式。我們也都知道，例外久了就變成常態，培養習慣也是這樣。所以，偶爾要求自己做一點微小的好事，累積起來就會變成改變一生的好習慣。

我們生活中有很多時刻都會「破例」或「破戒」，選項太多，有時我們就會突然想要做新的嘗試。正因如此，不如就常常「破例」做些健康的事情，你會很驚訝地發現，生活各方面就突然改善了。所以，與其「破戒」引入壞習慣，不如「破例」做點健康的事。

克服猶豫不決的三大撇步

如果你每次行動前總是壓力山大，不妨試試以下的辦法，效果絕對超乎你的想像。

有益處的行動，就馬上去做

有時我們遲遲無法行動，是因為沒有縮小選擇範圍，所以就找不到焦點，無法判定適合的難度。我們無法同一時間做許多事。而且，我們也心知肚明，生活總有個當務之急，所以無法真的考慮其他選項。所以只要你想越多，就越會癱瘓自己的行動力。

不要想太多，即知即行。一般做決定的時候，我們都會衡量每個選項，三思而後行。但我們重點在於採取行動，而不是在做報表分析，所以得適時地放下考慮。

如果猶豫太久的話，一定要提醒自己，除非採取行動，不然再怎麼想，目標也不會實現。只要能帶來正面的後果，那就放手去做。你不可能找到完美的時間點、執行方式和目標，你只能從實作的過程不斷改進、找尋成長的機會。

想太多就會阻礙行動，把目標簡化為步驟和程序就好

往前邁進才是王道，所以我們的焦點應該放在操作流程，而不是前進的意義為何。舉例來說，你的預定目標是慢跑一千公尺，但今天卻提不起勁去做。你之所以

失去行動力，是因為你認為是跑步是在挑戰自我，隨便走走的話，會覺得很丟臉又沒成就感。

不論行動的阻力從何而來，最好的解決辦法就是簡化行動流程。這樣一來，你就不會一直想這項活動有什麼重大意義，只是單純地依照程序執行任務。以跑步為例，你就想著，這不過是兩腳快速交替移動。這種想法應該會惹火不少人，好像把跑步變成單調的機械活動。但重點就在這裡，拆解一些習以為常的動作，其實非常可笑，但正因如此，你才能用輕鬆的方式面對它。如果你覺得阻力重重，就不妨想著「這只是幾個簡單不過的步驟」，這樣就能喚起持續下去的動力。

人類的心智能力很神奇，卻也阻礙我們勇敢採取行動。有時我們過度分析情況，才會做出錯誤的判斷。我們都忘記了，許多事情都很單純，走路、寫字、打電話、吸地板或是做重量訓練，都只是要做不做的問題。我們之所以會在原地踏步，一方面是想太多，另一方面也是積習難改。解決的方法很簡單：別再想了，把事情簡化，把注意力放在執行程序與步驟。保證你使命必達。

跨出第一步是最困難的

凡事起頭難，但不要怕，你有一整袋的錦囊妙計可以隨機取用。你有迷你級目標、可以挑戰自我，還可以自己調配進度。

大部分激勵人心的書本還有方法，都是為了鼓勵你採取行動，而不是當作開展行動後的操作方法。因為只要你一行動，就代表不能再考慮了，即使只是小小的一步，但還是有在前進。就像我一打開電視或YouTube頻道，看到任何一個節目，就會忍不住看完。每個人也曾都在電影院耐著性子把討厭的電影看完。

就算是不喜歡的事情，我們還是會把它做完。這聽起來有點荒謬，但其實很合理。再惹人厭的活動，只要你持續下去，最後阻力都會消失。同樣地，有些事情你一開始很抗拒，但過些時候，就會發現它們是有益的。不要想太多，找到簡單、機械化的步驟，帶著幹勁往新的方向前進吧！

騎單車最難的步驟就是踩下踏板

行動前阻礙重重時，就先問問自己，現在這個目標是不是你的第一要務？接下來再檢查一下，達成目標的步驟是否太複雜？最初的行動程序不能太花腦力，一定要像操作家電一樣簡單，定義明確又容易執行。

踏出第一步後，我們就只要確保動能不會消失就好。就像踩腳踏車一樣，起步後就不會再那麼費力。一遇到障礙，你就重覆這些步驟，多練習幾次，就越容易進入狀態。

建立對自己的信任感，才能貫徹到底

信口開河很簡單，但要如何兌現承諾就是另一回事了。許多人對伴侶做出一生一世的承諾，結果以離婚收場。婚姻的承諾如此重要，離婚率卻不斷升高，更不要說我們生活中承諾要達成的其他目標。

我們在網路購物時，都有商品延遲寄達的經驗，過程中，貨運公司總是一再保證「快到了」。因此，承諾本身不是終點，而是起點。有人跟你做出承諾後，你不會馬上歡欣鼓舞，而是會在心裡評估這個人講話是否可靠，畢竟信任才是承諾的基礎。

實現承諾能帶來自信，有自信才能實現承諾

好幾年來，不管你設定什麼目標，最終都會挑戰失敗，也對自己失去信心。想想看，你一定很難再相信曾經背叛或失信於你的人，除非他證明現在他是可信任的人。這個道理也適用在你自己身上。

失去信心後，你就要重新建立成功的經驗。一次當然不夠，你需要重覆好幾次，才能覆蓋掉那些失敗的回憶，重新建立自信心，養成新的習慣。

有趣的地方在於，就像「雞生蛋、蛋生雞」一樣，你必須先相信自己，才有機會實現承諾；而只有實現承諾，你才能獲得自信。這時，你就會發現迷你級目標是多麼完美的概念了，只有它能幫助你脫胎換骨。選定迷你級目標，三兩下你就可以完成任務，這樣你就不會違背對自己的承諾，還可以幫助你建立自信。

守住承諾，信任感就會不斷增加。不管承諾的事情是大是小，這個道理都通用。想要重拾信心，關鍵在於堅持下去，而不是做出什麼驚人的保證。

以上不是我獨創的道理，而是自古就有的智慧，它出自《路加福音》第十六章第十節：「人在最小的事上忠心、在大事上也忠心。」

承諾是兩面刃，有風險，也能帶來收穫。半途而廢，你就會看不起自己；實現承諾，就能增加自信。不過守信所增加的自信心非常有限，失信造成的傷害卻是如雪崩一般驚人，這在人際關係最為明顯。一次的背叛就可以毀掉多年建立起來的信任感。

因此，我們要有自知之明，做出承諾前，先選擇微小且容易實現的選項。根據這樣的道理，所以我先前才會推出小習慣策略，但它還是有美中不足之處。我們因此沒有機會挑戰更大的目標。

決定要挑戰大目標，當然是好事，問題在於，在情況改變時，繼續堅持同樣的承諾，對事情沒有幫助。取得豐碩的成果可以帶來滿滿的成就感、滿足感還有自信。所以最聰明的做法是，我們要先做好準備，知道自己有實現目標的能力，再來挑戰大型目標。

開始執行彈性計畫後，搞不好你第一天就取得菁英級的成果，但至少你每天都有成績，久而久之就能提升自信。在你的連勝紀錄中，有簡單的成果、也有困難的挑戰，後者能加強你對自己的能力與信心。

彈性策略的好處在於，你不用強迫自己要達成高遠的目標，不管你取得哪個階段的成果，都會覺得自己是個有信用的人，沒有違背對自己的承諾。評估今日的狀況，再決定目標，就能順利取得進展。與其提前幾個月做出不切實際的承諾，不如嘗試彈性習慣這種新鮮又有效的策略。

彈性計畫的三個階段

一般來說，彈性計畫的執行有三個階段，當然這不是鐵則，確切執行時間點因人而異。有些學習專家會建議你，為了某個目標，一定要強迫自己堅持一週或一個月。不過這種目標太無聊、太困難，令人難以支撐下去。又或者沒有任何達標後的獎勵，因此你沒有辦法興致高昂地天天投入。不過，彈性策略既趣味又刺激，還有獎勵，讓你玩一輩子都不膩。

透過以下的說明，也許有一天你會發現，你已經前進到更高的習慣養成階段；也代表你已經精通了彈性策略的各種玩法了。

階段一：建立基礎（第一到第二個月）

要有效養成習慣，最重要的原則就是貫徹始終。你每天都要付出努力，完成目標。你每天都有辦法達成迷你級目標，想要短期內看到實質的進展，就挑戰進階或菁英級目標。

大型目標的優點在於，它能引發人的鬥志與興趣。小目標能有效維持進度，但實在讓人難以點燃熱情。我先前使用小習慣策略時，會有一段無聊的時間。執行彈性策略後，我的熱情一直沒有消退，因為我有多元又多樣的目標可以追求。

剛開始，你會取得從迷你級到菁英級的各種成果。重點不在於整體的成果，而是每天都有做出嘗試。除非有必要，否則不需要改變計畫表，也不用急著提高難度。先確保計畫不中斷，到下個階段再去評估自己的表現。

第二階段：穩定執行計畫，適時做出調整（第二到第六個月）

進入到第二階段時，你會開始留意自己的行為模式，也會發現有幾天的表現較不理想。有時你會一時興起，卯起來追求菁英級目標，後面幾天只想完成迷你級目標。你還會發現有幾個活動項目變強了，也有一些一直在原地踏步。

透過前兩個月的訓練，你證明自己有堅持下去的毅力。你的穩定性提高了，大腦神經迴路也有些改變，自信心開始慢慢建立起來。到了這個階段，你可以試著調整策略與目標，比如為了配合不同的生活方式，選擇某個比較容易的活動。

調整後，你就不用再擔心自己能不能堅持下去，也不用再提醒自己要努力。你不但會完成作業，還會試著挑戰自我。至於什麼時候會達到這個階段，其實因人而異。時間到了，記得謝謝自己的努力，準備迎向下一個更有趣的階段！

第三階段：精通某項技能（第六個到第十二個月）

你堅持不懈，總算撐過了半年到一年，就會來到轉捩點，準備從菜鳥變成熟手了。雖然離大師之路還很遙遠，不過你已經站在門口的階梯了。在這個階段，你可以挑戰自我，嘗試專攻一兩項技藝。因此，你需要挑戰各等級更高的目標，或是維持現有目標，但不斷取得菁英級的成果。

很多人一開始會想趕快轉換到這個階段，但結果大打折扣。不要急著跳到這個階段，當你的能力已經達標時，你馬上就可以發現跟先前的差異之處。

在第二階段裡，只要你有一半機率能取得菁英級成果，就表示你可以到下個階段了。現在你可以縮小目標範圍，減少水平選項，並提高達標的難度，並鼓勵自己多加挑戰。不過有幾點要注意。

在你邁向專精的路上，千萬不可放棄迷你級目標，也不可以把它變得太難，畢竟那是你的安全網。精通一項活動後，很多人都會想增加迷你級目標的難度，但這是不對的。迷你級目標不是用來督促自己前進（那是菁英級目標的功用），而是為了維持動能。

以閱讀習慣來說，你的迷你級目標一開始是每天讀兩頁，菁英級目標是每週六十頁；幾個月之後，你的菁英級目標變成每週可讀兩本書。這個情況下，你可以將迷你級目標增加到每天讀五頁，但千萬不要提高到每天三十頁。假如有天生活有突發狀況，你就連迷你級目標也無法完成。迷你級目標是安全網、是火種，千萬別讓它變成一項挑戰。

我養成運動習慣後，慢慢地精通多項活動，體能肌力都進步了，於是提高了迷你級目標的難度。時間回溯到二〇一三年，那時我執行小習慣策略，每天只做一下伏地挺身。改用彈性策略後，我把迷你級目標提高到三下伏地挺身。目前我的迷你級目標條件是十下伏地挺身，即使狀況再不好，也都能輕鬆地達成。

伏地挺身我已經相當熟練，所以我才能提升它迷你級目標的難度。現在每天做十下，就像當年做一下一樣輕鬆。如果某天我連十下都做不到，我一定會減低迷你級目標的難度。某項活動的熟練度提升，才可以提高迷你級目標的難度，否則千萬別破壞你學習的安全網。

勇於主動出擊，也懂得被動因應環境的變化

聽到我那悲慘的滑雪故事，有些人可能會認為彈性策略根本是給弱者用的。他們說：「老是根據情況來調整目標，根本成就不了大事，要挺過重重困難才是勇者。」不過這些人肯定搞錯重點了，讓我解釋給你們聽。

我們常說有些人比較被動，都是遇到外界刺激，才開始想因應對策。被動的人需要一些理由才會採取行動。至於主動的人個性比較積極，就算沒有外界刺激，也會採取行動，所以比較能掌握人生的方向。

主動和被動都有各自的優勢，就看用在什麼時機。到新環境時，被動地觀察一切沒什麼不好；有輛車衝向你時，先看清楚它的方向，再採取因應措施，才能保住小命。當然，人生遇到任何問題，你都用被動的態度去面對，那就不好了。

許多學習專家都反對被動的態度，只強調主動的特質與價值。無論周遭有什麼狀況，都要拋在腦後，勇往直前。這種精神令人敬佩，卻又非常不明智。在運動場

上，厲害的球員不但會出其不意、主動出擊，但同時也會觀察其他球員的一舉一動，守株待兔。

為了充分發揮每天的學習效果，你必須要能主動出擊，也懂得被動因應。在彈性策略中，你可以充分發揮這兩種精神。你有許多水平與垂直選項，可以被動因應生活中的突發狀況，你也能主動地挑戰菁英及目標。我不但不阻止你挑戰自我，還要大力支持你，幫助你更上一層樓。當你的狀態down到谷底時，我也會希望你放過自己，達成小小的基本目標就好。

尋求外界支持不是軟弱的表現，而是成就大事的必要條件。那些受人景仰、獲獎無數的偉人，總是不斷感謝曾經伸出援手的朋友，畢竟沒有眾人的支持，哪來今日的成功。

以蝸牛的步調慢速前進，也算是進步

彈性策略的基本精神就是靈活。前面我介紹過它的基本架構以及各種調整方案。你也能發揮創意，在既有架構上設定自己的彈性計畫。你也許會想出更棒的晨間課表，或是更有成效的組合方案。

彈性策略的發展空間無邊無際。它還有一個特點，就是能防止計畫失敗。放一天假或是有一天沒達標，並沒有關係，因為還有方法可以彌補！但如果有一段時間沒有達標，也沒有追蹤進度，就會半途而廢。

你可緩慢前進幾公分，也可以一跳好幾公尺，只要每天有進步，就能改變生活。你能夠從彈性策略中找到力量，徹底改造自己。

＊小結

正確的觀念與加上有效的策略，就能順利達成目標，因此一定要掌握清楚彈性策略的原則與精神。

第十二章
結語：掙脫壓力和束縛，用彈性的力量改變人生

「筆直的樹最易崩裂，而竹子或柳樹卻能經得起強風肆虐。」
——李小龍

在本書的前半部，我已經介紹彈性策略的基礎，讓它可以完全融入你的生活。我們也談過實行細節，現在來全面複習一下我教過的內容吧。

想要培養強韌的性格，在人生道路上成功與成長，就要發揮自由與彈性的精神。我們太習於把自己變成目標的奴隸，順從制式僵化的標準，卻無視於生活的變動。緊繃的學習過程，令我們感到挫敗，於是一再拖延計畫、不想面對。為了重獲自由，就得拋棄僵化的目標，給自己多一點自由空間和彈性。只要用正確的方式利用空閒時間，就可以打好強大而穩定的基礎，養成好習慣。

我們的策略並不複雜，一次只能培養三個習慣，每個習慣只有三種活動選項，每個活動選項有三種難度。這樣一來，就可以避免發生決策疲勞和選擇癱瘓的問題。我們找回生活的自主權，自己調配時間，不用遵從他人的命令，也不用強迫自己執行計畫。生活像戰場一樣，只有自己才能掌握全局。現在有各種不同的武器可供選擇，還有九個山頭可以打，我們成功的機會就更高了。我們擁有強大的工具，不管生活有什麼變化，都可以持續抗戰下去。

選項多、達標條件也多，所以才能維持我們對興趣的熱度。每天都是全新的挑戰日，除了設定任務，也可以視情況休息。就算只取得迷你級成果，也不會有罪惡感，甚至你可以有自信地說，自己堅持下去了。情況許可的話，你可以嘗試挑戰進階級還有菁英級目標，來追求更大的滿足感。

有明顯的進步後，就可以調整目標。你可以維持原先的步調，接著每兩週慢慢增加難度。你也可以不斷挑戰現在的菁英級目標。一切由你決定！

最重要的關鍵在於，必須定期追蹤進度，無論你用哪種記錄法都可以。我推薦用彩色貼紙，你也可以畫上簡單的幾何圖形，用空心圖形代表迷你級成果，塗滿代表進階級成果。不建議用數字來標記，這樣很容易貶低迷你級目標的價值。畢竟只要符合你當天的意願以及能力，就是最有價值的目標，最好的結果。在你培養習慣的過程中，各種目標都有它所扮演的重要角色，都值得你認真看待，以最真誠的心去完成！

每過一段時間，你也能試著統計成績，以確切評估每兩週或每個月的表現，看看你是進步、持平或退步。迷你、進階還有菁英級成果分別是一分、兩分、三分。前面我有提到不要用數字來標示成果，但統計成績時就無妨，這是要用來分析成果。為了鼓勵自己的努力，你也可以設下一些獎勵標準，比如連續達標一週，或是取得五個菁英級成果，就去看一場電影。

雖然有這麼多的玩法，但你不需要花很多精力維持這個計畫。只要你穩穩地每日進行，就可以長期培養出好習慣，完成你的終身學習目標。

問答時間

Q：「既然有那麼多水平選項，該如何選出最適合今天的目標呢？」

每一天都是獨一無二的日子，只要你用心體會，就能選出最合適的目標。也可以設定一到兩個偏好的選項，把順序記下來，寫在你的進度追蹤表上。

我最喜歡的運動，就是去健身房做重量訓練以及打籃球。如果工作繁忙或是遇到休息日，我就會去散步、跑步，或是在家做伏地挺身。重量訓練與籃球是我想專攻的運動項目，其他項目我只是有興趣而已，所以把它們當作備用、可替換的選擇。

雖說如此，那些次要的活動對我非常重要。籃球打了很多年，所以我罹患了「跳躍膝」，每次跳投或搶籃板都很不舒服，所以我常常得去散步，讓自己休息一下。有時我的肩膀痠痛，就不能做高強度的重訓，只好在家做幾下伏地挺身，或去公園拉個單槓。根據彈性習慣的原則，就算我身體狀況良好，也得到充分休息，並不一定得去健身房運動。但也因為沒人強迫我，所以我上健身房時總是非常開心。

有的人會擔心，每天只做迷你級目標，會不會進步空間有限。但既然你有在追蹤進度，也有誠實記錄，就會發現自己究竟有沒有偷懶。然而你也不用因此感到有心理負擔，只要適時挑戰進階級以上的目標，就代表你有在嘗試進步。

計畫執行後，需要一段時間才能適應。很多人習慣用高壓的方式逼自己成長，去追求不適合自己的目標，不管那個壓力是來自個人或外在要求。就算真能達標，但是那種沉重的壓力感，還是會讓我們喘不過氣來。

相反地，在適當地自我評估後，出於自由意志所採取的行動，就給人完全不同的感覺。執行彈性策略後，一開始進步有限，也無法每天都表現良好，這是因為你太習慣外來的壓力。但只要你發揮自由的精神，潛力會湧現，學習層次就會不斷上升。

彈性策略最大的優點是，你可以用它用到老。既然你是個自由人，就沒有理由放棄這麼好用的方法。這個方法絕對不會讓你的人生受限。有學習壓力的話，頂多只能維持平盤。但要有非凡的成果，就要靠自由精神去挖掘天賦、發揮創意。

Q：「如果我漏掉一天，沒有達標怎辦？」

就連這個策略的創始者，也就是我本人，也曾經錯過一次閱讀目標。我在《驚人習慣力》中提過，漏掉一天沒有關係，但是連續兩天的話代誌就大條了。

研究顯示，錯過一天，不會影響到養成習慣的進度。但連續錯過兩天的話，自己的心思就會飄移，慢慢地轉移目標。只有每天都完成目標，取得成果，才能維持動能，所以千萬不要半途而廢。

當然，有時我們會忘記完成當天的目標。但這也是個警示，表示可能哪裡出錯了。先檢查迷你級目標，看看它是不是太難了？為什麼那麼簡單你都不想做？難度太高的話，就降低到舉手之勞的等級。如果只是忙到忘記的話，明天再補做一次就好。

在我所設計的追蹤計分表中，有一種彌補進度的方式，我稱為「補丁」，用來填補錯過的目標。我忘記讀書的那一天，隔天我就補完進度了，愧疚感也就降低了。針對這種無心之過，一定要找到一種自我安慰的方法。沒有人是完美的，在犯錯中也能持續成長。補上進度後，心情就會好過一些。

Q：「為什麼不能有八個彈性習慣？」

設定水平與垂直選項後，你就有足夠的自由和動力去追求目標。但你總不可能一次培養十幾個彈性習慣。稍後，我會提出一種替代方案，讓那些喜歡多采多姿生活的人可以使用。它不是用來培養習慣，卻非常有趣。

想要培養習慣的話，一次不要超過三個目標。大多數的學習專家都會教你一次專注一個目標彈就好，我還給你三個呢！以我的經驗來看，如果你真有辦法精通三個領域的活動，就足以徹底改變你的人生了！

Q：「完成目標後，何時要在追蹤表上註記？」

有四個時間點：

- ❖ 做完之後馬上在表上註記。
- ❖ 完成當天最後一個目標時。
- ❖ 睡前。
- ❖ 隔天早上起床的時候。

今日事今日畢，我通常會在當天做完紀錄，睡前再確認一次。大部分的人也喜歡趕緊記下今天的成果。不過我也常隔天早上再記，因為我的進度表就貼在臥房外面，去廚房的時候可以順便完成。

我有時會在完成目標前就先註記。我習慣在睡前閱讀，所以會先註記完成迷你級目標。如果進度超標，隔天早上我就會貼上代表進階級的貼紙。但最好不要這樣偷吃步，除非你標記後就會馬上執行。

每天早上醒來後，就先看一下自己的彈性計畫。你不需要在一早就選定本日全部的目標，但至少有個大致的概念。想想看，今天想選擇哪些活動，再決定每個目標的難度，並順便檢查一下，昨天完成的習慣是否有標記完成。

彈性行動

有的人想投入一大堆活動，而且不在乎能不能練得上手，也不打算把它們培養成習慣，有一個替代方案很適合。

跟彈性習慣一樣，彈性行動也包括了水平和垂直選項，差別在於你不用堅持到最後。前面提到，擬定計畫後，你需要每天貫徹執行才能養成習慣，讓它成為你人生中的重要工具。但彈性行動的意思是，隨時想做就做，想做什麼也都由自己決定，一天不做也無所謂。

這麼一來，你就有絕對的自由，以及非常多的選項。缺點就在於，這樣就很難養成習慣。不過，也不是所有的行為都適合變成習慣。正如有些人不認為要養成做家事的習慣。

彈性行動的目的在於，讓你挑出自己感興趣的行為，得到成果後給予自己獎勵。你也可以繼續沿用進度追蹤表算成績，讓你更有動力投入活動，不斷求取進步。努力挑戰自己的最佳紀錄吧！

如果你真的精力過人，想要一次追求六個目標，那就先試試彈性行動吧！我所設計的追蹤表可以容納六個選項。過一段日子，你就會知道哪幾項活動自己最喜歡，到時再把它們當成準備培養的習慣。

只要三個月，就會取得意想不到的成果

經過數次修訂之後，我才設計出彈性習慣專用的追蹤進度表。我還特地耍廢了一陣子，以測試這個概念是否可行。追蹤表的設計概念，會影響到我的動機還有表現，所以我反覆修改了好幾次。二〇一九年五月九號，我開始使用升級版的追蹤表，它滿足了行為者的各種心理需求。從那天開始，我從沒有錯過任何一次任務。

這個最完美的版本是第四版，效果比我之前預想的還要好。它不會給我壓力，還給我帶來無限的動力，讓我每天都很期待挑戰目標，甚至有好幾天我還取得菁英級的成果。在二〇一九年八月十日那天，居然出現重大的突破性進展，第一次完成計畫表上所有的菁英級目標。那真是完美的一天！

那天早上，我在健身房努力運動，取得了菁英級成果。然後我花了五個小時的時間寫作還有編修，繼續取得菁英級成果。最後我開始閱讀葛金斯（David Goggins）的《百折不撓》（*Can't Hurt Me*），一口氣讀了五十頁。總結下來我拿下三個菁英級目標，我走向追蹤表，拿起三張金色貼紙，在八月十號底下的欄位貼好貼滿。

我太興奮了，居然像大猩猩一樣捶胸嘶吼。我還意外發現，到那天為止，我使用升級版追蹤表正好滿三個月。這更令我感到為之一振。這是重大突破！如果我使用其他的目標追求法，絕不可能發生這樣的事情。彈性計畫執行了三個月，我的熱情居然還沒消退。一般人總是會虎頭蛇尾，一開始很high，時間拉長、沒有新鮮感後，動力就會減少。我重新設定了神經迴路，養成了新習慣，但沒有就此失去追求目標的動力。

這應該很不合科學常理吧？在培養習慣的過程中，總有個蜜月期，等到它變成下意識的行為時，我們就不再感到有動力了。不過，只要在過程中加入一些多變難以預測的元素，就可以維持新鮮感了！

一方面，我們每天不中斷地執行計畫，就能在潛意識中建立規律感。其次，透過水平和垂直選項，我們保有選擇與做決定的自由，繼續活化大腦。這跟賭博完全不一樣，雖然每天的成果有變化，但整體來說是慢慢往目標邁進。如果你採用一般的習慣養成法，每次都投入一樣的活動，就會一直在原地踏步。

我之前試過許多種學習策略，但都沒有像彈性策略這樣變化多端。以前我想學個東西，不到兩週熱情就消退了，現在就可以輕鬆堅持下去。當然，生活狀況每天有所起伏，也會影響到學習動力，但都能維持平盤，不至於低到想放棄計畫。就算動力下降，也還有迷你級目標可以投入，持續刺激腦部的神經迴路。

像個大猩猩一樣捶著胸膛，這真是個特別的體驗。在執行彈性計畫的過程中，每一天都像是剛從起跑線出發的跑者一樣，躊躇滿志。每天的生活都有變數，所以才需要可隨時調整的策略。有了彈性習慣，每天都是嶄新的日子，充滿新意與無限可能。

現在每天都很重要，針對想完成的目標，我有三個級別的垂直選項來評估並追蹤成果，所以我才能拿到三個滿分，這對我來說意義非凡。

為了記錄每天的表現，我有彩色的貼紙可以使用，不需要一成不變地在月曆上打勾勾，既無聊又無美感。彩色貼紙可以讓人心情愉悅，它們證明我的成果。這些小圓圈就像獎牌一樣耀眼。那個完美的一天給我帶來許多滿足感。當然，我沒事就會翻開以前的追蹤表，看看這三枚金色貼紙，希望未來還有機會實現如此完美的一天。

掙脫僵化學習法的束縛

英國大文豪山繆．強森（Samuel Johnson）說過：「習慣就像有生命的鎖鍊一樣，會在你沒有察覺的情況下，慢慢地變得又粗又不容易掙脫。」想成為更好的人，就一定要付諸行動。不能一時興起，而是得長期投入心力，才能有所成長。只要你能貫徹執行，假以時日，就能成功養成新習慣，讓它變成你的第二天性。正因為它的意義如此重大，所以當我們達成目標時，才會那麼激動和感動。

這個策略可以幫助你追求更好生活。過程中你不用壓抑自己，還能保持興致盎然。在《驚人習慣力》一書中我談到，小習慣能打造驚人的意志力，繼而改變你的生活。在《彈性習慣》這本書裡，我們提供了更聰明靈活的策略，隨著每個人的意願或需求，目標可大可小。令人雀躍的是，我們已經知道小習慣的所有優點，現在可以追求更大的目標。我們終於找到最流暢、最令人滿足的方式來改變人生。

對於任何一位作者來說，最大的讚美就是有讀者跟他說：「我讀過你的書。」誠摯地感謝你抽空讀完《彈性習慣》。我自己的人生已經脫胎換骨，希望這個策略也能改善你的生活。透過彈性策略，你就能得到彈性的力量。從此之後，你再也不用被僵化又不切實際的目標所束縛了！

一起加油！

附錄

彈性習慣產品介紹*

*作者按：我設計了幾款表格，有興趣的話可以繼續往下讀，了解這些產品如何使用。即使你沒有購買，了解它們的使用方法與設計理念，也有助於你進一步應用彈性策略。

「人生有百分之七十的成功來自於不缺席。」

——美國電影導演伍迪・艾倫（Woody Allen）

我花了一萬元多美金，經過數次重新設計，才研發出這幾款產品。你也可以用現成的物品，像是月曆、桌曆來標註進度。你當然可以發揮創意，我也會提供你一些建議和想法。不過，你得花多一點心思改造，畢竟彈性策略這麼獨特，有我設計的表格比較方便。

從這些產品，你就會看到彈性策略與戰術的優點。它們不但有效、又很好調整，還給你許多行動的誘因。每天只需花幾秒鐘就能完成記錄。說到這個，許多習慣日誌每天都要花二十分鐘才能完成，上面還有一堆一些老生常談的問卷答題，來「幫助」我們確認進度。彈性習慣的執行選項很多，進階的組合方案也很多，但你每天花不到二十秒的時間就可以完成進度表。

彈性策略這麼獨特而有效，需要相對應的追蹤進度表，所以我才花費許多心力開發出來。接下來我會一一介紹各項產品。

彈性習慣追蹤月曆

要養成習慣，追蹤進度是非常重要的工作，這樣才能確保計畫執行下去。追蹤工作沒有做好，或是你根本不在乎進度，就很難維持下去。只有透過這項工作，你才能為自己負起責任，鼓勵自己繼續前進。

我所設計的這款追蹤月曆，一次可以追蹤三個習慣，期效為一年。這個月曆與眾不同的優點有下列幾項。

第一，它有三個達標條件，培養習慣的過程更多樣化。你不需要像以前一樣在月曆上打勾勾或打叉，現在你可以使用彩色貼紙來記錄。綠色代表迷你級，銀色代表進階級，而金色代表菁英級。只要兩個月，你就會發現用貼紙的效果較好。

你的首要目標就是填滿追蹤月曆上的空格；提升挑戰難度則是次要目標。彈性的精神在於能屈能伸，如果你只想挑戰大目標，無法接受小目標，就無法體會彈性帶來的力量。全有或全無的想法只會阻礙你進步！在我們的追蹤表中，目標不管難易，都一樣重要。這麼一來，你就知道，你的首要目標就是「堅持到底」，行有餘力時，再挑戰大型目標去獲得成就感。

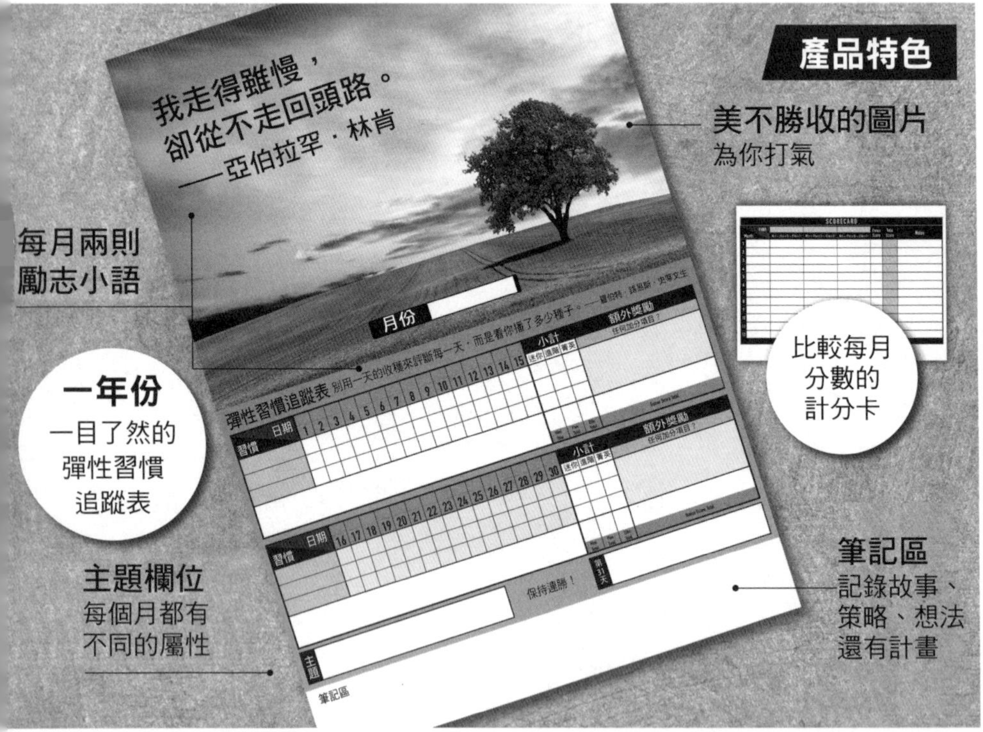
我走得雖慢，
卻從不走回頭路。
——亞伯拉罕・林肯
產品特色
美不勝收的圖片
為你打氣
每月兩則
勵志小語
月份
一年份
一目了然的
彈性習慣
追蹤表
彈性習慣追蹤表
日期
習慣
小計
迷你
進階
菁英
額外獎勵
任何加分項目？
SCORECARD
比較每月
分數的
計分卡
保持連勝！
主題欄位
每個月都有
不同的屬性
主題
筆記區
筆記區
記錄故事、
策略、想法
還有計畫

在每個月的月曆上，都有兩則激勵人心的金句以及充滿意境的圖畫。在一般的月曆上，設計、樣式還有風格每個月都一樣。但我設計的追蹤月曆，每個月都不同。此外，月曆上沒有標註月份，所以你可以從任何一個月開始追蹤習慣。

每過十五天，我們就統計一次成果。我設計第一版的追蹤表時，一年三百六十五天的欄位都在同一面。從印表機列印出來時，連我自己都看不下去，上面密密麻麻的表格，令人難以閱讀。我原先的用意是要能一目了然看到一連串令人滿意的連勝紀錄。後來一想到我反而覺得壓力很大，想到我必須填滿這些空白的欄位。而且，空格那麼多，一天的成果看起來就無關緊，一點分量都沒有。

幾番嘗試後，我發現十五天為一個單位最為理想。這段時間夠長，完成後會覺得有滿足感，也不至於讓人覺得遙不可及。每天感覺都像是前進了一大步。

利用這個追蹤月曆，每過了十五天，你就可以「結算」成果，然後為下個十五天做準備。三十天後，你就可以加總得出一個月的分數，以比較每個月的成果。

一般人追蹤進度時，只會註記有做或沒做。但我們有三個達標的條件，因此成果每天都不同。透過有層次的計分系統，你會確切知道每天、每週還有每月的表現如何，我們來看一下這個簡單的計分系統。

計 分 卡

習慣 / 月份	迷你+(進階×2)+(菁英×3)	迷你+(進階×2)+(菁英×3)	迷你+(進階×2)+(菁英×3)	獎勵分數	總分	備 註
1						
2						
3						
4						
5						
6						
7						
8						
9						
10						
11						
12						

計分方式

每套彈性習慣月曆都附有計分卡。

透過計分卡，你就能看出每個月的進步程度，以及哪一個目標比較有成效。這樣你就可以精準地了解自己的表現，評估自己的實力。

計分卡的使用方式如下。每十五天你就統計一下成果並且給分，迷你級的成果是一分、進階級是二分、菁英級是三分，把分數加總起來。我研究過許多評分方式，發現數字一二三最能精準對應每個成果的價值。雖然菁英級的分數比迷你習慣高三倍，但看起來不會差太多，這個評分法的比例很平均。

不但如此，為了讓評分更有趣且更有效，你還可以獲得額外的分數。

額外獎勵

有了獎賞，你才會有機會達到預期外的成就。我所設計的獎勵方案稱為「習慣大師」，分數是下一級獎勵的兩倍。要成為習慣大師，整整十五天，任何一個預定的執行項目都不能漏掉。每日不間斷是養成習慣的要訣。有了額外獎勵，你就能鼓勵自己堅持下去，就算在忙碌的那幾天，也不會放棄，至少完成迷你級習慣，等到狀況好時再挑戰下個級別。以下列出所有的額外獎勵。

特殊成就：

❖ 加倍努力（一分）：一天內，一個習慣達成兩個菁英級目標。
❖ 完美一天（兩分）：一天內，達成所有習慣的菁英級目標。
❖ 打鐵趁熱（三分）：同一習慣連續三次取得菁英級成果。
❖ 驚天動地（五分）：同一習慣連續七次取得菁英級成果。

累積紅利：

❖ 專業人士（三分）：十五天內在同一個習慣取得十個菁英級成果。
❖ 打擊好手（三分）：十五天內取得十五個菁英級成果。
❖ 乘風波浪（十分）：十五天內取得二十三個菁英級成果。
❖ 習慣大師（二十分）：十五天內沒有掛蛋（有的話可以補做）。

你可以努力爭取「習慣大師」的分數，這樣你就可以把主要焦點放在「每天出席不中斷」。我保證，每天都有努力完成計畫，好事就會發生。也許成績不怎麼亮眼，都只有達成迷你級目標，但只要保持動能，你就能培養實力，取得更大的成果。

計分卡只需要幾分鐘就能夠填完，而且它很有趣，能幫助你養成習慣、改變人生。不光如此，有了這麼明確的計分方式，你就能精準量化自己在每個習慣的表現情形，不管是十五天或是一個月。你可以分析你的進度，隨時調整策略，看看能否打破自己的最佳紀錄。我們還有備註欄位，你可以寫下當時的人生經歷，這樣就知道它們如何影響你的成績和策略。

評估表現

採用計分系統後，要長久觀察的第一指標就是「持續性」。有每天執行計畫嗎？每天的欄位有沒有貼上貼紙（或是用其他方法標記）？如果有的話，你已經成功一半了，對自己的努力要感到自豪。有了這個認知，你就會繼續追尋的旅程，並且達到更高的境界。「堅持不懈」是通往成功的基石，做不到這一點，任何努力都會沒有成效。一但你養成怠惰的壞習慣，就需要重整旗鼓了。

大月的三十一號可以自由安排

一年中大月有七個，在彈性策略中，月底那天是很特別的日子。彈性的精神包含自由、自治還有靈活。正因如此，不論是哪個月的第三十一天，都要當作賺到一樣。我們每十五天追蹤一次進度，精準比較每個月的成果。多出來這一天，我們可以做一些有趣的事情，比如放個假，而其他更有吸引力的方案，請接下去看。

一日方案

我們第一個方案稱為「二月聚寶盆」。二月只有二十八天。但我們以十五天與三十天為計分的區段。所以你在二月所取得的成績會比較低，畢竟其他月份至少有三十天。想要加強二月的表現，甚至成為一年中分數最高的時段，就把大月第三十一天的成果都算在二月！因此，你就有七天的分數可以併入二月計算。二月是收穫滿載的一個月，有整整三十五天，從最弱勢的月份晉升到最強大的月份！

第二，我們可以把三十一號當成補課日。有時候總會遇上忙翻的日子，有好幾個項目沒有達標。幸運的是，只要遇上大月就多一天，你可以利用這一天來血恥，補上沒有完成的項目。

當然你也可以在月底那天繼續挑戰。有些人閒不下來，還是會想要保持連勝紀錄，明明可以休息一天，卻不會自滿於現在的成績。若沒有併入二月計算，第三十一天的成果不會有任何分數，不過，這正好可證明，這些行為對你的意義為何。技術上來說，想要維持連勝的狀態，這一天也要執行計畫。但就算你選擇休息，還是可以在臉書上宣布自己的連勝紀錄，因為第三十一天本來就是多出來的，這就是彈性習慣的特色！

接下來我們談到休息日。三十天不間斷完成目標後，你的確應該好好休息一下，第三十一天就是個好日子。錯過一天不會破壞前面的成果，但錯過兩天以上，怠惰的習慣就會慢慢出現了。你成功達標的日子那麼多，休息一天不過是滄海一粟，不用給自己那麼大的壓力。

連續達標三個月後，我就會找出下一個月底的三十一號來休息。不過說真的，我得努力提醒自己，才有辦法真的暫時放下彈性計畫。有好幾次月底我不小心達標了，因為我忘記了那天是休息日。這正是習慣的力量！故意耍廢一天，你就會明白習慣的推動力有多麼強大。當你發現有天不運動就會全身不對勁，想都不想就去跑步，那就代表你成功改變大腦、養成運動習慣了！

預定目標沒有完成，怎麼辦？

有時你會忙到找不出時間，或是少完成一兩項目標，沒關係，我們有設計彌補的機制。說真的，現代人的生活真的很忙，連最簡單的迷你級目標都會忘記。保持連勝紀錄很重要，但錯過一次無傷大雅，提醒自己下次再努力就好。

其中一個的彌補辦法，就是前面所說的月底第三十一天。如果當月只有三十天，我們設計了一個「補丁」機制，用來處理這十五天來的失誤。這是為了安慰你，別對失誤耿耿於懷，回到正軌就好。

補丁機制

「補丁」的啟動方式是，在我所設計的追蹤月曆上，有個額外獎勵區，就在那個欄位上註明要彌補完成的項目，就是「補丁」。每十五天只能使用一次，所以請斟酌使用！有一個項目沒完成的話，習慣追蹤表看起來會是這個樣子。

第九天：進階級

第十天：（從缺）

第十一天：迷你級

第十二天：菁英級

第十三天：進階級

連續做了九天，卻在第十天出現缺口，但你可以「補課」，完成原本預定的習慣目標。以練習彈鋼琴為例，迷你級、進階級以及菁英級的練習時間分別為：一分鐘、十五分鐘、三十分鐘。你在第十一天完成當天的迷你級目標，然後才想起來昨天沒練，這時你就可以使用補丁機制。於是你多彈了十五分鐘，為第十天取得了進階級成果，把缺口補上了。

前面提到，連續十五天完成目標，就可以獲得高達二十分的額外獎勵「習慣大師」。這半個月內你沒有錯過任何一項挑戰，所以才有這麼好的獎賞，因為堅持是最重要的價值。同樣地，用補丁機制補課後，就有資格拿到習慣大師獎。我們鼓勵堅持不中斷的人，它是基石，能幫助你取得菁英級成果。

關於更多「彈性習慣追蹤月曆」的細節，包括如何使用主題欄位與計分機制，請上minihabits.com/tutorials，網站上也有影片介紹。

彈性習慣海報升級版

這款海報能充分展示你彈性習慣。在每一張海報上，你都可清楚寫上準備培養的彈性習慣，還可以在每個等級欄位列出水平選項。海報有護貝，可搭配白板筆使用，以利隨時擦掉重寫。

上方區域

海報最上面的一大片空白欄位，用來寫下你想培養的習慣。你可以把它歸納成一句勵

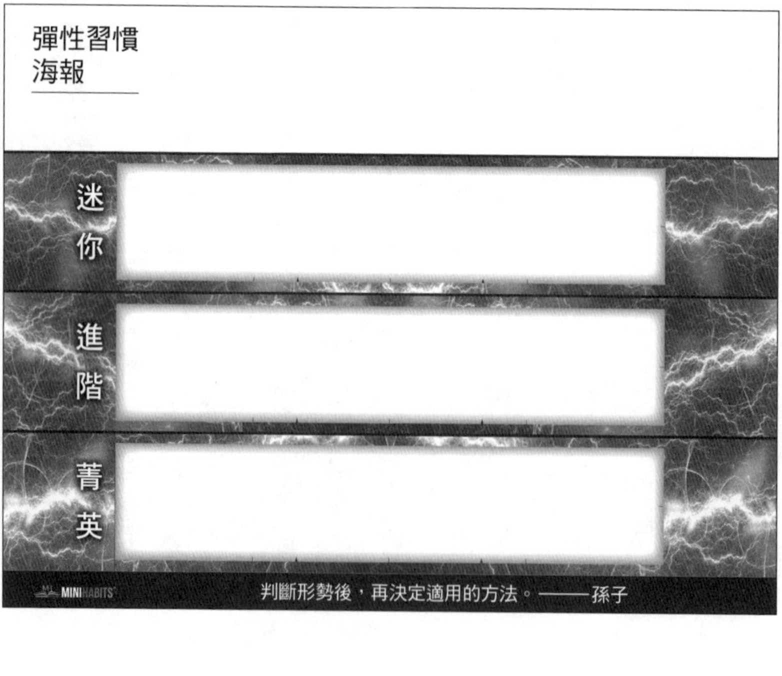

彈性習慣
海報

我要每天運動！

志小語，讓你看了就充滿熱情，奮力去追求目標（如本頁上、下圖）。以下是我寫下的句型，它們很能激勵我。

❖ 強調自己的身分：我是個＿＿＿！
（跑者、寫手或音樂家等）

❖ 堅持不懈：我要每天＿＿＿！
（做運動、彈吉他或練習冥想等）

❖ 行動說明：「＿＿＿」
（閱讀、跑步或寫作等）

不論對自己或他人，公開強調自己的身分，就能加強自己對目標的認同。「堅持不懈」則是一項公開的承諾，表示自己每天都會達成一定的目標。

你也可以簡單寫下想要執行的行動，如跑步、閱

彈性習慣
海報

正念

平靜出自於內心，
勿渴求於外。
——佛陀

彈性習慣
海報

寫日誌 

讀、健康飲食等等。

依照個人的喜好，你可以畫圖，也可以寫下勵志小語。在頂端欄位的底部，你也可以註明要執行的水平選項（如上圖）。

可以切分的等級欄位

在每個等級欄位的下方跟右邊，有幾個小記號，可以讓你劃分出不同的區塊（如下圖），以標記水平選項。使用方式如下。

從底下的小三角形往上畫一條直線，就會形成三個區塊。想要兩個區塊的話，只要從中間的標記往上畫直線。想要四個區塊的話，先從中間的記號開始畫；接著再從左右邊最外側的標記往上畫就可以了。欄位在右手邊還有一個額外的記號，劃一條水平的線，就可以把這個欄位一分為二。你隨時都

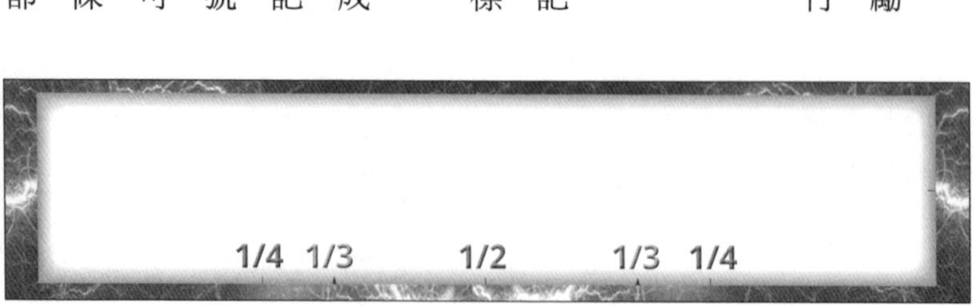

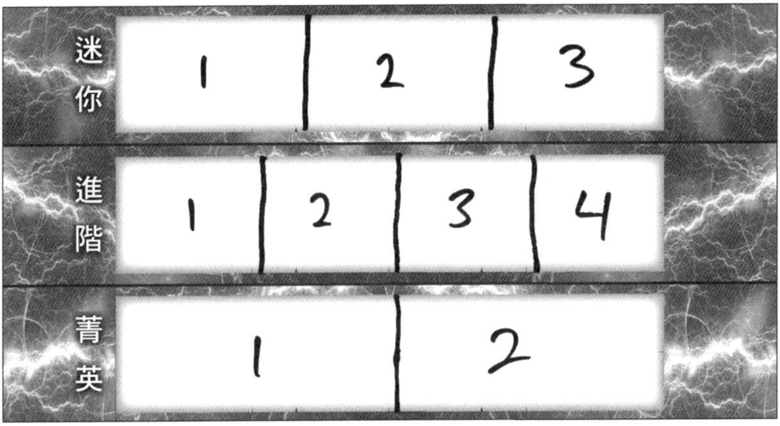

可以用乾布擦掉筆跡，重新規劃你的水平選項。

重要的是，每一個欄位都能這樣自由劃分區塊！換句話說，每個垂直選項要搭配幾個水平選項，隨你高興就好。

如上圖所示，你可以完全依照自己的喜好，自行調配彈性習慣。每個垂直選項所包含的水平選項，可多可少，這麼一來，你就可以發揮創造力，設計各式各樣的彈性計畫。

以前我們培養習慣時，只會簡單記下「每天都要做某事」。彈性計畫比這個有趣多了，而且每天自由選擇一個要執行的選項就可以了。彈性習慣厲害的地方，在於它可規劃的策略很多，難易度又可以調整，但是執行起來卻非常簡單。

那麼，實際上你可以安排哪些活動，就看看我接下來所提供的範例。

各種功能的彈性方案

在每個難度的欄位中，你可以自行增減水平選項，這樣就很清楚自己要做哪些事，當中絕對沒有模糊空間。我們先來看看最單純、焦點最集中的計畫，當中每個級別只設定一種達標條件。執行起來非常有趣喔！

一、極簡方案

在這個架構下，你在迷你級只設定一個達標條件，等於明確設下完成任務的最低門檻。設定三個迷你級的達標條件，它們的難度和意義還是有所差異。只設定一個，你就是在表明：「這項簡單的行為是我的低標，我一定做得到，有時還可以做得更好。」這麼一來，其他進階級和菁英級的選項就對你很有吸引力，讓你忍不住想挑戰自我。有些習慣只有一項活動，這時就可以採用極簡方案。

以寫日誌為例，這個習慣的重點在於每天都有做，而不是做多少（如第二七七頁上圖）。回顧之前寫的內容，加上評述也很有意義，可以當成進階級的達標條件。

迷你	寫一句話	
進階	寫一個段落	寫一句話並且重讀一週來寫的內容
菁英	寫滿一頁	寫一個段落並且重讀一個月來寫的內容

二、中庸方案

這個方案非常聰明，它預設了一個中級目標（如第二七八頁上圖）

有些人很糾結，不知該如何設定彈性習慣的各個選項。在這個方案中，有一個必做選項，因故無法完成時，你有其他選項可以選擇。既然它的難度適中，所以你不會猶豫太久，可視情況需求，自己決定要提高或是降低難度。

中庸方案只有一個進階級選項，它是你每天第一個要攻克的目標。其他兩欄各自有簡單與困難的選項可供選擇。透個這個方式，你每天都可以取得還不錯的成果。需要喘口氣的話，就換到簡單一點的迷你級目

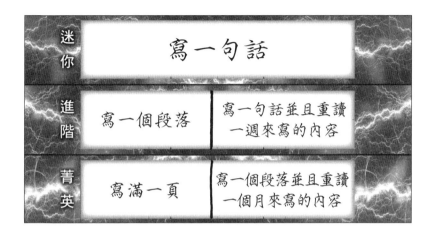

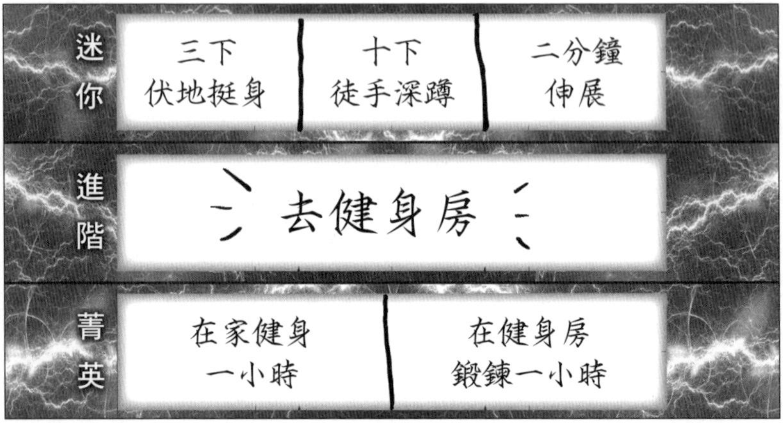

標，當中有許多不同的活動。想要多做一點，菁英級欄位也有一些項目可以挑戰。

舉例來說，你真的很想養成上健身房的習慣，那麼你就把它設為單一的進階級目標。無法上健身房的那幾天，你就簡單在家運動。狀況好的時候，你就在健身房時做更高強度的運動，或是在家做高難度的健身操。

三、白鯨方案

在知名小說《白鯨記》中，水手亞哈執著於獵殺一頭白色抹香鯨「莫比迪克」。於是我們用「白鯨」來比喻你必須征服的遠大目標，即使它看似遙不可及。在此方案中，你只有一個菁英級選項，想拿到這個等級的成果，你只能做這些事，其他選項都是次一

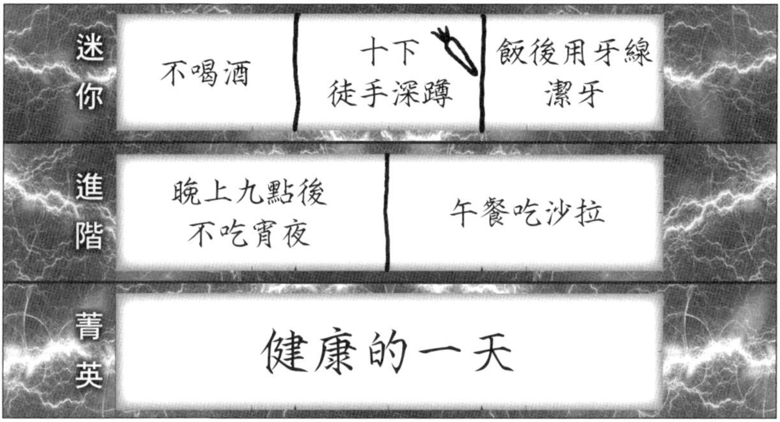

級的（如本頁與第二八〇頁上圖）。

不過，想要捕殺白鯨的話，你得培養實力，取得許多進階級還有迷你級成果。在你的追尋之旅中，那些中低級選項仍然非常有價值，只是你的終極目標就是那頭白鯨！說真的，這就是傳統的目標養成法，只有單一達標條件，注意力都放在同一個活動上。不過，這個方案還是很有趣，它讓菁英級目標變得很特別又吸引人，就像一頭巨大的白鯨！

培養健康飲食的方式很多，就看你的終極目標為何。這個例子當中，菁英級的達標條件是「健康的一天」，意思一整天不吃糖、加工食物或是酒類飲品。此外也有許多進階級與迷你級目標可以選擇。

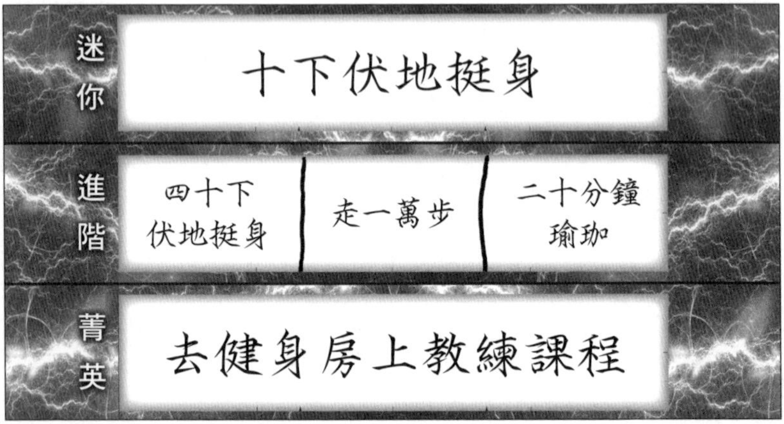

白鯨方案只有一個達標條件。你也可以發揮創意，讓迷你級與菁英級各有一個達標條件，然後讓進階級目標選擇多一點。

四、習慣池方案

在這個方案中，我們不再以難易度作為彈性計畫的主軸，而是以數量為評分標準。我們選定一堆難度中下的活動，完成一個就是迷你級成果、兩個是進階級、三個則是菁英級。我會用彩色的白板筆寫在海報上，讓你一眼就看出這張海報是習慣池方案。你也可以寫在頂端的欄位。

這個方案裡的選項沒有難度之分。想增加趣味性的話，你可以在一份標準的彈性計畫中加入習慣池方案。舉例來說，你的菁英

迷你	十分鐘 跑步機	十五分鐘 瑜珈	二十五下 伏地挺身
進階	二十下 徒手深蹲	十五下 引體向上	四十下 仰臥起坐
菁英	五十下 開合跳	跳三首歌 的舞	走五千步

級目標是去健身房，那就把其他的迷你級還有進階級選項變成習慣池，完成任一項就是迷你級，任兩項就是進階級；但要去健身房才算達成菁英級。

如第二八二頁上圖所示，第一、二排為習慣池，第三排為菁英級目標。

補充說明

這是世上最棒的習慣養成法，不光是因為它能夠配合你每天的生活。更重要的是，它有無窮無盡的組合方式，你可以挑選項要培養的習慣，打造理想中的生活型態。

我認為，有些水平選項只能有一種難易度。對我來說，去健身房就是菁英級目標，只要我到那裡去，就會全力鍛鍊，所以這項

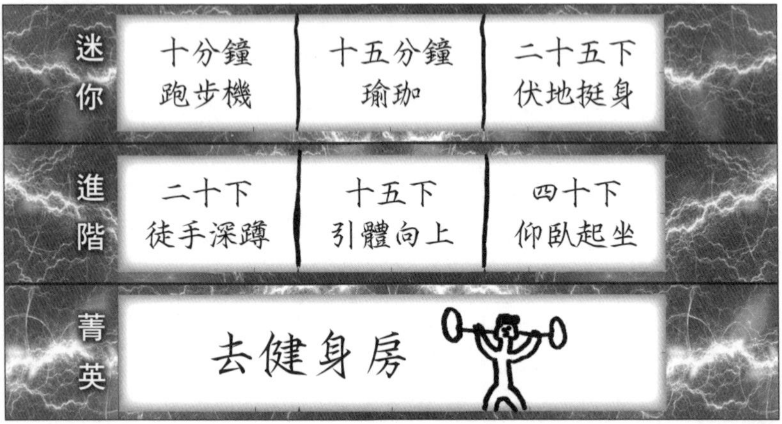

活動沒有進階或迷你級選項。

相對地，有些活動只能當作迷你級目標。以閱讀習慣為例，買書這種活動只能當成最低門檻。買書很重要，有時還要做點功課，但不管買多少本書，都不能當成進階級或菁英級目標。但它至少能當成迷你級目標，畢竟閱讀書介也要花一點心力，就像讀個兩頁小說一樣。

因此，不見得每項活動都要設定三種難易度，除非那有助於養成習慣。

快速指南

「習慣海報升級版」有這麼多方案，該怎麼規劃呢？

首先，先找出大方向：運動、閱讀、寫

作、寫日誌、經營人際關係、培養新嗜好或是學習新技能。

其次，設定最終想要實現的目標。這個習慣能讓你成為什麼樣的人？它對你的人生有什麼幫助？能幫你實現理想的人生嗎？

完成前兩個作業後，再列出跟這些習慣有關的主要活動和次要活動。我們前面有介紹到，你可以選擇達標條件單一的方案，這樣才能有效練習主要活動。主要活動是習慣的必要組成元素，因此要花費更多心力。次要活動則是幫助我們養成相關習慣。

以練吉他來說，最主要的活動就是爬格子，就算你讀完全世界的吉他教材，但沒有親自動手練習，還是不會彈！因此，讀樂理跟教材是次要活動。

再以運動習慣為例。如果你的主要目標是增加心肺功能以及減脂，那有氧運動就是你的主要活動。如果你的目標是增加肌肉、雕塑身形，那麼重量訓練才是你的基本任務。如果你的目標是促進健康，那麼爬山、游泳、快走都可以是你的主要活動。

至於次要活動，不論難度如何，都可以跟另一個次要活動互相搭配，創造不同的活動組合。除此之外，你也可以把主要活動配上次要活動，搭配方法沒有一定。

次要活動可以當成迷你級目標，只要做到最低門檻就好，然後把主要活動放在進階級還有菁英級目標。

選出活動項目後，再一一地決定難度。先決定哪些行為可以達成迷你級成果，接下來才是進階級和菁英級。你也可以選擇前面討論過的組合方案。你的彈性習慣要怎麼規劃，是根據你目標來決定。

以上這些說明看起來洋洋灑灑，畢竟彈性習慣有無限種組合方式，但上手之後就不難。以最簡單的彈性計畫而言，每個難度設定一個達標條件，不久後你就能看到成效。之後你再慢慢增加選項，不要一開始就給自己不切實際的期待，徒增壓力。過了一個月後，如果有個選項你完全沒做過，就考慮刪掉或是修正難度，否則只會造成心理的負擔。

最後，別一開始就想把全部的細節搞定，海報上面的字用乾布就可以擦掉，隨時你都可以重新擬定計畫。這不是一套制式規定。你可以自訂方案，以符合你的目標與生活。彈性策略比你試過的其他方法都還要好。只要你一上手，保證會對它有相見恨晚的感覺。

找到最適合方案需要一些時間，新的靈感也會源源不絕而來。這套系統非常有趣，絕對不會乏味，它不僅能因地制宜調整，也能改變你的人生。

這款海報可以在minihabits.com買到，當然你也可以找現有的素材來設計，找塊白板來用也不錯。這款海報有它獨特的優點，可以清楚顯示垂直與水平選項，最適合用來實行彈性習慣。

互動式習慣海報

互動式習慣海報只能用來展示一項彈性習慣。為了要增添設計感，所以它沒有「彈性習慣海報升級版」那麼多彈性空間，能

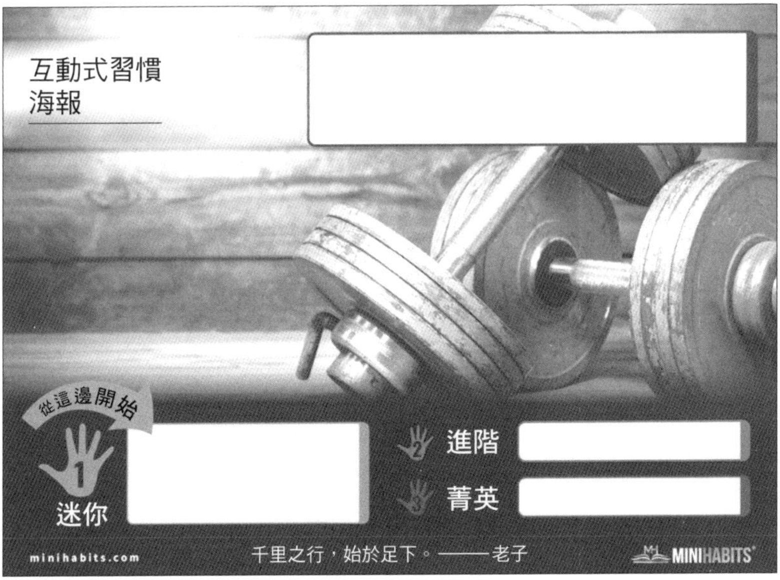

填寫的欄位變少了，不過有一大張圖片來代表你的習慣。一套有二十五種主題，每張海報都有護貝，不但防水，還可搭配白板筆使用，想修改的話隨時擦掉重寫就好。

使用時，將水平與垂直選項逐一填到迷你、進階與菁英的格子裡就好。填完海報之後，就把它貼到每天都能看到的牆面上，最好是像書房、客廳或臥房那樣的重要地點。你可以貼在白板、冰箱上或是書桌前面的牆上，跟你的備忘事項和行事曆一起參照。「彈性習慣海報升級版」的

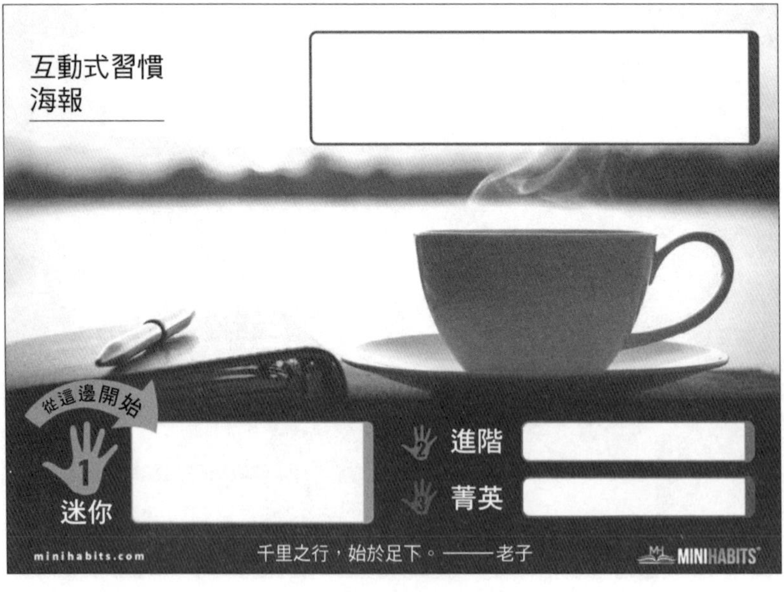

功能比較多，所以只想要培養單一習慣，以及想兌現對自己承諾的人，就可以試試「互動式習慣海報」。

跟自己的小約定

比起追求人生的目標，準時上班還比較容易做到。我們做好本分、準時打卡上班，每個月取得薪資，這個過程與追求個人目標哪裡不同？

最大的差別就在於，個人目標是你自己決定的，所以總是容易半途而廢，反正也不會有什麼代價。即便你給自己設定懲罰機制，還是可以耍賴不認帳。不論你給自己什麼目標，你都有放棄的自由，也不會有嚴重的後果。你是自己人生的主宰者，你自己應該也明白。

一遇到不如意的事，我們就會馬上放棄目標，不管它對我們人生有什麼助益，內心就是會抗拒它。在公司裡面，我們有明確的分工跟權責，所以才能完成任務，但自己的事情就憑個人意志決定就好。

為了解決這個問題，你得在生活中創造一個討人喜歡的主管，然後暫時將你的自主權交給它。因此，你可以把你的習慣海報當成主管，並且跟自己立下小小約定，設定工作守則。雖然我自己也不常用這個方式，但如果你還在猶豫不決，然後下定決心想要做點什麼，這是一個不錯的選擇。

跟自己簽下工作合約

與人商業往來時，雙方在合約上簽名，它就正式生效且具有法律效力。這份合約可是有強制力的，不能隨便反悔耍賴。既然如此，我們就跟自己立下合約，承諾要達成目標，希望它能發揮一樣的強制效果。

透過簡單的動作，就能展現馬上行動的決心。如同商業往

來，跟自己立下合約，就是為了認真看待自己設下的目標，並提醒自己不能放棄。簽約的儀式很簡單，拍拍牆上的習慣海報就可以。我知道這聽起來很蠢，但你一定要試試看！

輕輕碰一下，展現你的決心，答應自己一定要完成目標。拍一下代表達成迷你級、兩下代表進階級、三下則是菁英級。你也可以在完成一個項目後輕拍一下海報，慶祝任務完成。用這個小動作來堅定信念，比在心裡對自己喊話實際多了。

意外許下的承諾還是得實現

我最近的彈性計畫都有持續完成，還在各個領域取得菁英級成果。然後有天我發現自己很喜歡的電腦遊戲上市了。我非常興奮，想說最近自己表現不錯，今天達成迷你級目標後，就要好好放鬆來玩一下新電玩遊戲了。

因此我讀了三頁金瑟（William Zinsser）的《非虛構寫作指南》（*On Writing Well*）。我很開心能達成迷你級目標，雀躍之下，我拍了兩下海報。天啊！兩下是進階級的承諾，我得讀完這個章節才能去玩電腦遊戲。

這太好笑了，但這是我自找的，所以也沒什麼好抱怨。我們的遊戲規則就是這樣，碰了海報，就必須堅持到底，否則就不要輕取妄動。

出於自由意志的承諾才能產生動力

看到上面悲慘的故事後，我建議讀者，開始執行活動的前一刻再拍海報就好。畢竟，它代表你必須完成任務，不能耍賴。碰了之後一定要執行，不能找藉口推託，這樣你才對得起自己。

以跑步為例，碰了海報後就穿上鞋出門，像沖天炮一被點燃就飛出去那樣。跟自己立下合約，就會馬上感到精力充沛，不會有壓力。這是個輕鬆的方法，因為你心裡明白，接下來就會馬上行動，心裡面就不會再猶豫或有疑惑。有時太早立下合約，中間一出現突發狀況，就會讓人很氣餒。

這個方法不是為了強迫自己行動，畢竟你是出於自由意志才立下合約。那是你當下的決定，不是兩個月前設定的目標。有些健身達人告訴你，強迫自己執行超嚴格的訓練法，「短短七天」就能練出傲人腹肌。但這種方法不是出於你的自由意志。

我跟出版社簽約後，就會努力寫作。同樣地，你跟自己許諾後，也會主動執行。如果你沒信心，就不要隨便對自己許下承諾。畢竟這個方法只是建議使用，所以不需要給自己太大壓力，就算不採用也不用覺得不好意思。

輕拍海報代表開始行動

很多專家都建議，寫下自己決心要完成的目標，就會更有機會實現它。一般人都會寫在白板或月曆上。輕拍海報也有同樣的效力。

寫在白板上有助於下定決心，但你可以加一個動作來「批准」自己行動。畢竟我們常常寫下計畫卻沒有執行，久而久之，就不會覺得寫下來的事項非做不可。到最後，你給自己的承諾就一點效力都沒有了。

除非我們大腦意識到，寫下來就代表要執行，否則在行事曆上寫得再多都沒意義。因此，這種方法是用來增強你的動力。海報就貼在家裡顯眼的角落，你能意識到它的重要性。此外，你要讓大腦熟悉觸碰或是輕拍海報的意義，所以拍一下就馬上出發吧！

在家中設定「習慣」收費站

最後，你也可以把習慣海報當成強取過路費的惡霸。

我在浴室的門框裝了一組室內單槓，每次我用完浴室後，就會要求自己拉兩下單槓（或做五下伏地挺身），就像付過路費一樣。為何不在進浴室前執行？因為我不想氣喘吁吁地上廁所。

因此，你可以家中各個角落設下「收費站」，把執行一些動作當作「過路費」。這個方式最適合培養運動習慣，隨時做個幾下深蹲也不錯。你也能發揮創意，規定自己每次打開冰箱時或進廚房時就喝一小杯水，以提醒自己培養多喝水的習慣。

習慣之星

除了彈性習慣追蹤月曆外，我們還有一種特製的追蹤表稱為習慣之星，不但有趣，功能又多，能夠符合更多人的需求。

習慣之星有三十一片標有數字的花瓣，圍繞著圓盤。把花瓣往後摺的話，可代表完成的次數或是天數。把習慣之星固定在牆上，並且在每朵花瓣背面貼上小片的魔鬼沾，往後摺的話就可以黏住圓盤背後的魔鬼沾。摺起來後，可以從圓盤的菱形格看到花瓣背面的綠色。透過這樣的視覺效果，就更有達標的感覺。

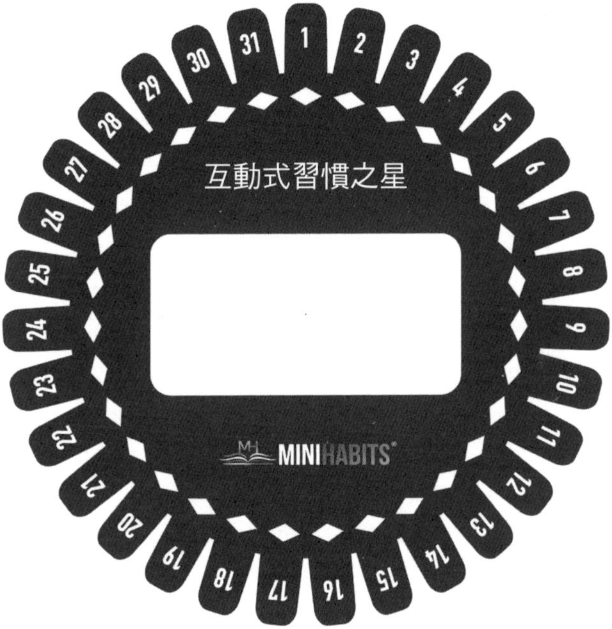

至於圓心的欄位裡面要填些什麼，可以有很多種選擇。你可以畫一隻小恐龍代表要研讀古生物學，若想戒除壞習慣，又怕被家人看到，就畫個象徵圖案就好。

使用習慣之星的五種方法

一、追蹤一個活動選項的單月進度

每個月最多有三十一天，每個數字花瓣代表每一天，如果你連續三十一天都有達成目標，習慣之星就會變成一個圓形，很酷吧！

透過這個方式，就可以追蹤好習慣或是戒除壞習慣。有達標的那幾天，就把花瓣往後折。請注意，習慣之星沒有垂直選項，所只能適用於沒有難度區別的活動，比如刷牙、洗臉，這些簡單但重要的習慣。

想要戒除壞習慣的話，比如抽菸，一天沒抽的話，就折起一個花瓣，讓菱形格變成勝利的綠色。這個動作代表一個小小的成就，可以給人深刻的滿足感！除了抽菸，咬指甲、喝含糖飲料、飲酒或是每天花太多時間看臉書，都可以列入壞習慣。習慣之星就像簡單互動遊戲一樣，戒除壞習慣就像打倒大魔王，會令人心滿意足。

每天早上一起床，我會回顧一下昨天的作息。成功避掉壞習慣的話，就會折起一片花瓣；這個方式也能用來記錄好習慣。有做壞事的話，就不用折花瓣，代表有一天挑戰失敗，或乾脆重啟新的三十一天挑戰；一切都取決於你想達成的目標。戒除壞習慣的確不容易，你可以繼續挑戰下去，一個月後再統計哪幾天成功、哪幾天失敗。

當然你也可以跟自己立下約定，一早上就把花瓣折好，成功的話就保持原樣；如果沒有，再把花瓣折回去。這也是自我激勵的方式之一。

二、隨時開始挑戰連勝紀錄

你不必從每個月的第一天挑戰連勝紀錄。任何一天都可以當作新目標的挑戰日。用這種方式來使用習慣之星，特別適於戒除壞習慣；至於好習慣就留給彈性習慣追蹤表。

三、統計一個月內完成的次數

像是喝酒或含糖飲料這些習慣，其實不用完全戒除，適量就好。有些壞習慣其實對生活沒有嚴重的影響。在你沒做的那些日子，把花瓣摺起來，其餘日子就維持原樣。到了月底，你就知道哪幾天有喝酒或含糖飲料。

這也能用在好習慣上，特別是那些對你最有益、卻最難產生動力去做的事。對我來說，這件事情就是吃養生沙拉。沙拉非常健康，但我不想每天都吃一份。我想要鼓勵自己常吃，這時習慣之星就派上用場了。使用牙線也是，雖然牙醫有提醒，但我不覺得每天都需要，因此可以使用習慣之星追蹤一下使用的天數。

四、用來統計一天內完成的次數

在我的室內單槓旁邊，貼了一張習慣之星，用來統計今天做了幾下引體向上。這樣我就不用一直記在腦海裡。

舉例來說，早上起來我做了八下，就把數字八的花瓣摺起來。傍晚時做了四下，就把數字八的花瓣摺回來，改摺數字十二的花瓣。如果今天總共完成了三十一下，我就把數字一的花瓣往後摺，提醒自己完成「一圈」的成果。用這種方式練習有趣又激勵人心，我的表現也越來越好。有時候我一整天做了一百下，等於習慣之星三圈外加七下。

五、統計一週或一個月內完成的次數

健身專家說應該多吃雞蛋，但你並不喜歡吃。有時一天吃三顆，有時一顆都沒吃。你可以用習慣之星記錄一週或一個月內吃了幾顆蛋。就跟我計算引體向上的方式一樣，吃了幾顆就把花瓣往後折，總計週期是一天、一週或一整個月都可以。

雖然花瓣往後折就看不到數字，但只要看看鄰邊的花瓣就知道目前的成果，或乾脆看一下它的背面。

自己動手做習慣之星

這個趣味的圓盤可用來追蹤進度或是計數，更棒的是，你可以重複使用它。每過三十一天，標記一個月的成果後，就可以把花瓣都摺回來，開啟新的挑戰。

習慣之星的概念很簡單，你也可以自己動手做一個。你一定看過貼在電線桿上的套房出租廣告，房東總是會把自己的電話印在廣告下方的表格，有興趣的人可以撕一條回去。你可以依樣畫葫蘆，在一張紙的周圍切出三十一個小條，在上面編號，完成一次就撕走一張。這種做法比較陽春，也沒辦法重複利用，還得自己設計，但值得一試。

在minihabits.com網站上有習慣之星的示範影片，有興趣的讀者可以上去觀看。

謝詞

謝謝你讀完本書，想知道更多相關策略與方法的話，請到 minihabits.com 網站，上面有提供更多補助教材。

若你支持本書所傳達的觀念，歡迎在網站上留下心得感想，這樣就可以讓更多讀者知道本書的價值。若你有所成長，也記得跟廣大讀者與我分享這個好消息！

每一則評論都會影響其他讀者的閱讀意願。若本書改善了你的生活，那請你不吝於分享，讓其他人也有機會成長。這本書能改變多少人、影響範圍多大，都由你決定。在讀者的口耳相傳下，《驚人習慣力》改變了許多人的生活，也成為各國的暢銷書。那現在你願意跟我一起推廣《彈性習慣》嗎？這本書一定能改變更多人的生活！

史蒂芬・蓋斯的其他著作

《驚人習慣力》（*Mini Habits*）

想學會彈性策略，你不用回頭去讀《驚人習慣力》，但本書可以告訴你最基本的策略與要領，看它們如何改變生活，孕育出彈性習慣。

購書網站：https://www.books.com.tw/products/0010700925

線上課程：udemy.com/course/mini-habit-mastery/

《減重的小習慣》（*Mini Habits for Weight Loss*）

節食會讓你更胖，所以不妨換個方法。讓健康變成一種習慣，這樣減重的效果才能持久。

購書網站：amazon.com/dp/B01N0FR4AX

線上課程：udemy.com/course/weight-loss-mini- habits/

《不完美的教戰守則》（*How to Be an Imperfectionist*）

如果你有完美主義的問題，不妨改用小習慣策略來自我修正。如果你憂鬱傾向、老是想太多跟猶豫不決，這本書也許對你有幫助。

購書網站：amazon.com/dp/B00UMG535Y

週二快訊

每週二發刊，許多訂閱戶都說，內容對生活很有幫助。

立即訂閱：stephenguise.com/subscribe/

2. Group, E. (2019). EWG' s 2019 Shopper' s Guide to Pesticides in Produce™. Retrieved from https://www.ewg. org/foodnews/summary.php

第九章

1. Blumenthal, J. , Smith, P. , & Hoffman, B. (2012). Is exercise a viable treatment for depression? . Retrieved from https://www.ncbi.nlm.nih.gov/ pmc/articles/PMC3674785/
2. 呼吸、說話還有唱歌都會用到橫膈膜這個肌肉，多加訓練有很多好處。許多醫生都提供實用的練習法，有興趣的話可以去詢問。

第十章

1. 我希望哪天自己可以成為世界級的滑雪選手，並且讓這個小插曲變成激勵人心的故事。那時我就要寫一本書叫做《我如何成為冬季奧運滑雪冠軍》。我開玩笑的！我還是有點討厭滑雪。（滑水倒是很愛！）雖然我煞車技術進步了，但一個急轉彎還是會讓我撞進雪地裡。那是我下一個要挑戰的技術！

5. 我在《驚人習慣力》一書中，有稍微提到垂直彈性，就包含在「額外獎勵」的機制中，不過那時我對它還沒有清楚的定義。
6. Huang, S. , Jin, L. , & Zhang, Y. (2017). Step by step: Sub-goals as a source of motivation. Organizational Behavior and Human Decision Processes, 141, 1–15. doi: 10.1016/j.obhdp.2017.05.001

第五章

1. 譯注：此句為南唐武將何延錫針對孫子之言「勝兵先勝而後求戰，敗兵先戰而後求勝」之注疏，原文為「凡用兵先定必勝之計，而後出軍。若不先謀，唯欲恃強，勝未必也」。
2. 相關新聞報導：(2019). Retrieved from https:// www.bbc.com/news/world-us-canada-39956904

第七章

1. 譯注：《孫子兵法》:「人皆知我所以勝之形，而莫知吾所以致勝之形，故其戰勝不復，而應形於無窮。」
2. 譯注：《孫子兵法》:「故知勝有五：知可以戰與不可以戰者勝，識眾寡之用者勝，上下同欲者勝，以虞待不虞者勝，將能而君不御者勝。此五者，知勝之道也。」
3. 譯注：《孫子兵法》:「用兵之法，有以少而勝眾者，有以多而勝寡者，在乎度其所用，而不失其宜則善。如吳子所謂用眾者務易，用少者務隘是也。」
4. 譯注：《孫子兵法》:「指授在君，決戰在將。」

第八章

1. 1 Schwartz, B. The Paradox of Choice [Video]. Retrieved from https:// www.ted.com/talks/barry_schwartz_on_the_paradox_of_choice? language=en

第二章

1. Discipline vs. Self-Discipline, what’s the difference? (2019). https:// medium.com/@CMAHCA/discipline-vs-self-discipline-whats-the- difference-3371ada3151e
2. Patrick Henry’s “Liberty or Death” Speech (2019). Retrieved from https:// www.history.com/news/patrick-henrys-liberty-or-death-speech-240-years- ago

第三章

1. 譯注：老子《道德經》:「天下莫柔弱於水，而攻堅強者莫之能勝，其無以易之……弱之勝強，柔之勝剛，正言若反。」
2. 我一度想叫這本書「塑性習慣」，它能讓人聯想到大腦還有物理的可塑性，但我怕這樣的書名會讓人以為本書是在講環保議題。所以我選了一個會讓人想到瑜珈褲的標題，還不錯吧。
3. 美國國會圖書館的資料顯示，樹根最深的樹木是南非的一棵野生無花果樹，居然有一百二十公尺深！換算下來有三十七樓那麼高。資料來源如下：Tree Planting - Interesting Tree Facts - United Nations Environment Programme (2019). http://webarchive.loc.gov/all/20050723150643/http://www.unep.org/documents.multilingual/ default.asp? DocumentID=445&ArticleID=4852&l=en

第四章

1. 譯注：《孫子兵法》:「人皆知我所以勝知形，而莫知吾所以致勝之形，故其戰勝不復，而應形於無窮。」
2. 俄式伏地挺身就好像在月球上做伏地挺身，雙腳會懸在空中，只不過得對抗強大的地心引力。
3. Shugart, C. (2019). All Muscle, No Iron. T Nation. Retrieved from https:// www.t-nation.com/training/all-muscle-no-iron
4. Shugart, C. ibid.

注釋

自序

1. 你可以實驗看看，運動一段時間後就放棄這個習慣，很快就會發現運動帶來的好處。在耍廢實驗後，我真的很想再次活躍起來，跟運動有關的神經迴路仍然存在我的大腦中。這不是完美的科學實驗，但那種頹廢的感覺卻很熟悉。雖然我有自信，一定可以讓身材恢復勻稱，但就完全提不起勁去做。
2. A Closer Look at How Vultures Lazily Circle in the Air (2019). https:// www.audubon.org/news/a-closer-look-how-vultures-lazily-circle-air-1
3. 滑翔翼是無動力的飛行器，操作者從拖曳平台或是山頂出發，然後滑向地平面。但是專業的滑翔翼高手能夠透過上升氣流往上升，在空中飛翔一段時間，並自由變換方向！當前滑翔翼的世界紀錄其飛行時間長達二十四小時，而且還是沒有馬達的無動力滑翔翼。這真是很了不得的成就，上升氣流的威力很強吧！

第一章

1. 譯注：《孫子兵法》:「兵無常勢，水無常形；能因敵變化而取勝，謂之神。」
2. 以蝶式對抗離岸流的推力並不明智，不如改用簡單的蛙式或是自由式（速度較快），朝著與海岸平行的方向游離海流。對海相了解得更多，就能在遇上海流時做出更好的決定。
3. 讀者應該也有想到這一點。的確，在某些情況下，不要想太多、「做就對了」是最有效的辦法。我也會提供你一種類似的自我砥礪法，叫做「跟自己立下小小合約」。我們會本書結尾討論這個概念。

服拖延、輕鬆保持意志力的聰明學習法
e）著；江威毅譯.
時報文化出版企業股份有限公司，2021.03；面；14.8×21公分. --（人生顧問）--
oits : how to create smarter habits that adapt to your day
57-13-8763-5（平裝） 1.成功法 2.習慣

110003279

人生顧問 415

彈性習慣：釋放壓力、克服拖延、輕鬆保持意志力的聰明學習法

Elastic Habits: How to Create Smarter Habits That Adapt to Your Day

作者 史蒂芬・蓋斯（Stephen Guise）｜**譯者** 江威毅
主編 郭香君｜**責任編輯** 許越智｜**責任企劃** 張瑋之｜**封面設計** 兒日｜**內文排版** 張瑜卿
編輯總監 蘇清霖｜**董事長** 趙政岷
出版者 時報文化出版企業股份有限公司 108019臺北市和平西路三段240號一至七樓
發行專線 (02)2306-6842｜**讀者服務專線** 0800-231-705・(02)2304-7103｜**讀者服務傳真** (02)2304-6858
郵撥 1934-4724時報文化出版公司｜**信箱** 10899臺北華江橋郵局第99信箱
時報悅讀網 www.readingtimes.com.tw｜**綠活線臉書** https://www.facebook.com/readingtimesgreenlife/
法律顧問 理律法律事務所 陳長文律師、李念祖律師
印刷 紘億彩色印刷有限公司｜**初版一刷** 2021年3月26日｜**初版六刷** 2022年1月4日
定價 新台幣360元

時報文化出版公司成立於一九七五年，並於一九九九年股票上櫃公開發行，
於二〇〇八年脫離中時集團非屬旺中，以「尊重智慧與創意的文化事業」為信念。